Jochen Sven Wild

Fit in Mathe durch Ping-Pong-Bögen

Motivierendes Rechentraining in Partnerarbeit für die Klassen 5–7

Kopiervorlagen mit Lösungen

D1728025

Gedruckt auf umweltbewusst gefertigtem, chlorfrei gebleichtem
und alterungsbeständigem Papier.

1. Auflage 2011
Nach den seit 2006 amtlich gültigen Regelungen der Rechtschreibung
© by Brigg Pädagogik Verlag GmbH, Augsburg

ISBN 978-3-87101-722-3   www.brigg-paedagogik.de

Inhalt

Jochen Sven Wild: Fit in Mathe durch Ping-Pong-Bögen · Best.-Nr. 722 © Brigg Pädagogik Verlag GmbH, Augsburg

Einleitung

In vielen Themengebieten der Mathematik ist es häufig sinnvoll, immer wieder kurze Kopf-rechenübungen in den Unterricht einzubauen. In der dabei häufig verwendeten frontalen Methode entsteht jedoch schnell eine zu große Monotonie. Bei Klassenstärken mit meist über 25 Schülern ist es in der Regel auch nicht möglich, jeden Einzelnen mindestens einmal dranzunehmen. Dies führt mitunter zu Frust bei einzelnen Kindern. Langsamere Rechner spüren direkt nicht mithalten zu können, Schüchterne hingegen trauen sich vielleicht gar nicht erst sich zu beteiligen. Immer wieder nutzen aber auch einige Schüler die Gelegenheit, sich in solchen Phasen hinter anderen Schülern zu verstecken.

Anders sieht es bei der Verwendung von Ping-Pong-Bögen (auch als Tandembögen bekannt) aus. Hier findet intensives Üben in Partnerarbeit statt. Die Klasse wird dabei in Zweiergruppen eingeteilt, wobei die Mitglieder eines Paares unterschiedliche Bögen erhalten. (Bei ungerader Schüleranzahl oder ungeeigneter Sitzordnung sind Einzelarbeit ebenso wie Dreiergruppen möglich.) Innerhalb der vorgegebenen kurzen Zeit kann / muss jeder Schüler nun mehrere Aufgaben rechnen, hat aber auch gleichzeitig die Möglichkeit sein Ergebnis zu präsentieren. Gleichzeitig kontrolliert er die Aufgaben seines Partners. Dabei ist es nicht notwendig, den Bogen bis zum Ende zu bearbeiten. Leistungsstärkere Schüler werden sich schon zu hin-teren und schwierigeren Aufgaben vorgearbeitet haben, während andere vielleicht längere Zeit benötigen.

Die Einsatzmöglichkeiten sind dabei natürlich vielfältig. Neben den klassischen Formen für Kopfrechenübungen zu Beginn, zum Auflockern zwischendurch oder zum Füllen der letzten Minuten einer Unterrichtsstunde dienen die Bögen auch als Bonusaufgaben für schnellere und leistungsstärkere Schüler. Ebenso lassen sich mit den Materialien Freiarbeitskästen und Lernzirkel ergänzen.

Bei diesen schüleraktiven Methoden bietet sich dem Lehrer auf Grund des größeren Frei-raums die Gelegenheit, auf Probleme der einzelnen Lernenden / Paare verstärkt einzugehen, Hausaufgaben zu kontrollieren oder einfach nur die Klasse zu beobachten.

Zum Gebrauch der Ping-Pong-Bögen

Vor der Verwendung werden die Bögen kopiert und in zwei Hälften zerschnitten. Die Bögen unterscheiden sich in der Kennzeichnung A und B.

In Partnerarbeit:
Schüler A findet auf seiner Hälfte die Aufgabe für sich selbst (A), die Aufgabe für seinen Partner (B) und die Lösung für B:

	Aufgabe für A	Aufgabe für B	Lösung für B
1)	$62 - 25 =$	$56 - 38 =$	18
2)	$58 + 36 =$	$47 + 39 =$	86

Der Teil von B sieht genau umgekehrt aus:

	Aufgabe für B	Aufgabe für A	Lösung für A
1)	$56 - 38 =$	$62 - 25 =$	18
2)	$47 + 39 =$	$58 + 36 =$	86

A stellt B die erste Aufgabe, die dieser auch auf seinem Blatt findet. B löst die Aufgabe und nennt A sein Ergebnis, welches A mit der Lösung auf seinem Bogen vergleichen kann. Anschließend geht es umgekehrt weiter. B stellt A eine Aufgabe, A löst und B kontrolliert. Im Ping-Pong-Verfahren geht es dann so immer weiter hin und her.

In Dreiergruppen:
Das Verfahren für Dreiergruppen ist ganz ähnlich. Lediglich erhalten die beiden außen sitzenden Schüler die gleichen Bögen, der Mittlere den anderen Teil. Die beiden Äußeren lösen nun die Aufgaben entweder in einer Art Wettkampf oder nennen abwechselnd ihre Ergebnisse. Beim dritten Schüler verfährt man hingegen so wie in der Partnerarbeit.

In Einzelarbeit:
Der Schüler bearbeitet die Aufgaben der mittleren Spalte und hält die Lösungen in der rechten Spalte mit einem Blatt zu. Nach jeder Rechnung schiebt er zu Kontrolle die Abdeckung Zeile für Zeile hinunter.

	Aufgabe für B	Aufgabe für A	Lösung für A
1)	$56 - 38 =$	$62 - 25 =$	37
2)	$47 + 39 =$	$58 + 36 =$	
3)	$192 + 28 =$	$154 + 71 =$	

Jochen Sven Wild: Fit in Mathe durch Ping-Pong-Bögen · Best.-Nr. 722 © Brigg Pädagogik Verlag GmbH, Augsburg

1.1 Ping-Pong-Bogen – Runden

Du bist **A**. Dein Partner B stellt dir eine Aufgabe, die du auch auf deinem Zettel findest (Aufgabe für A). B hat neben der Aufgabe die Lösung zum Vergleichen stehen. Anschließend stellst du deinem Partner eine Aufgabe (Aufgabe für B). In der letzten Spalte findest du zum Vergleichen die Lösung (Lösung für B). So geht es immer hin und her.

	Aufgabe für A	Aufgabe für B	Lösung für B
1)	5016 auf 100er	3509 auf 1000er	4000
2)	434252 auf 100er	9166786 auf 100er	9166800
3)	86898 auf 10er	666 auf 100er	700
4)	513834 auf 10000er	9634 auf 10er	9630
5)	659 auf 100er	98549 auf 1000er	99000
6)	4575 auf 100er	878 auf 10er	880
7)	7654 auf 10000er	84299 auf 10000er	80000
8)	70953 auf 100er	3350 auf 100er	3400
9)	98466 auf 10er	192891 auf 100000er	200000
10)	3565 auf 10er	806784 auf 100er	806800
11)	525279 auf 10000er	589 auf 100er	600
12)	20966 auf 100er	29438 auf 10000er	30000

 -

1.1 Ping-Pong-Bogen – Runden

Du bist **B**. Du stellst deinem Partner A die erste Aufgabe, die du auch auf deinem Zettel findest (Aufgabe für A). Daneben steht zur Kontrolle die Lösung der Aufgabe. Anschließend stellt dir dein Partner eine Aufgabe (Aufgabe für B). So geht es immer hin und her.

	Aufgabe für B	Aufgabe für A	Lösung für A
1)	3509 auf 1000er	5016 auf 100er	5000
2)	9166786 auf 100er	434252 auf 100er	434300
3)	666 auf 100er	86898 auf 10er	86900
4)	9634 auf 10er	513834 auf 10000er	510000
5)	98549 auf 1000er	659 auf 100er	700
6)	878 auf 10er	4575 auf 100er	4600
7)	84299 auf 10000er	7654 auf 10000er	10000
8)	3350 auf 100er	70953 auf 100er	71000
9)	192891 auf 100000er	98466 auf 10er	98470
10)	806784 auf 100er	3565 auf 10er	3570
11)	589 auf 100er	525279 auf 10000er	530000
12)	29438 auf 10000er	20966 auf 100er	21000

1.2 Ping-Pong-Bogen – Zahlenstrahl

Du bist **A**. Dein Partner B stellt dir eine Aufgabe, die du auch auf deinem Zettel findest (Aufgabe für A). B hat neben der Aufgabe die Lösung zum Vergleichen stehen. Anschließend stellst du deinem Partner eine Aufgabe (Aufgabe für B). In der letzten Spalte findest du zum Vergleichen die Lösung (Lösung für B). So geht es immer hin und her.

	Aufgabe für A	Aufgabe für B	Lösung für B
1)	Zahlenstrahl (0 5 10)	Zahlenstrahl (0 5 10)	8
2)	Zahlenstrahl (400 500)	Zahlenstrahl (120 130)	117
3)	Zahlenstrahl (50 100)	Zahlenstrahl (275 300)	260
4)	Zahlenstrahl (1950 2050)	Zahlenstrahl (1500 1750)	1950
5)	Zahlenstrahl (250 275)	Zahlenstrahl (1250 1500)	1450
6)	Zahlenstrahl (2200 2800)	Zahlenstrahl (1400 2000)	1840

1.2 Ping-Pong-Bogen – Zahlenstrahl

Du bist **B**. Du stellst deinem Partner A die erste Aufgabe, die du auch auf deinem Zettel findest (Aufgabe für A). Daneben steht zur Kontrolle die Lösung der Aufgabe. Anschließend stellt dir dein Partner eine Aufgabe (Aufgabe für B). So geht es immer hin und her.

	Aufgabe für B	Aufgabe für A	Lösung für A
1)	Zahlenstrahl (0 5 10)	Zahlenstrahl (0 5 10)	12
2)	Zahlenstrahl (120 130)	Zahlenstrahl (400 500)	420
3)	Zahlenstrahl (275 300)	Zahlenstrahl (50 100)	20
4)	Zahlenstrahl (1500 1750)	Zahlenstrahl (1950 2050)	1990
5)	Zahlenstrahl (1250 1500)	Zahlenstrahl (250 275)	285
6)	Zahlenstrahl (1400 2000)	Zahlenstrahl (2200 2800)	2520

Jochen Sven Wild: Fit in Mathe durch Ping-Pong-Bögen · Best.-Nr. 722 © Brigg Pädagogik Verlag GmbH, Augsburg

1.3 Ping-Pong-Bogen – Addition und Subtraktion

Du bist **A**. Dein Partner B stellt dir eine Aufgabe, die du auch auf deinem Zettel findest (Aufgabe für A). B hat neben der Aufgabe die Lösung zum Vergleichen stehen. Anschließend stellst du deinem Partner eine Aufgabe (Aufgabe für B). In der letzten Spalte findest du zum Vergleichen die Lösung (Lösung für B). So geht es immer hin und her.

	Aufgabe für A	Aufgabe für B	Lösung für B
1)	62 – 25 =	56 – 38 =	18
2)	58 + 36 =	47 + 39 =	86
3)	120 – 76 =	65 + 51 =	116
4)	73 + 69 =	110 – 49 =	61
5)	154 + 71 =	192 + 28 =	220
6)	218 – 171 =	254 – 138 =	116
7)	151 + 71 =	223 – 151 =	72
8)	254 – 133 =	228 – 161 =	67
9)	457 + 168 =	178 + 256 =	434
10)	222 + 119 + 41 =	235 + 38 + 115 =	388
11)	255 – 30 – 115 =	250 – 125 – 65 =	60
12)	75 – 41 + 88 =	84 + 57–72 =	69

1.3 Ping-Pong-Bogen – Addition und Subtraktion

Du bist **B**. Du stellst deinem Partner A die erste Aufgabe, die du auch auf deinem Zettel findest (Aufgabe für A). Daneben steht zur Kontrolle die Lösung der Aufgabe. Anschließend stellt dir dein Partner eine Aufgabe (Aufgabe für B). So geht es immer hin und her.

	Aufgabe für B	Aufgabe für A	Lösung für A
1)	56 – 38 =	62 – 25 =	37
2)	47 + 39 =	58 + 36 =	94
3)	65 + 51 =	120 – 76 =	44
4)	110 – 49 =	73 + 69 =	142
5)	192 + 28 =	154 + 71 =	225
6)	254 – 138 =	218 – 171 =	47
7)	223 – 151 =	151 + 71 =	222
8)	228 – 161 =	254 – 133 =	121
9)	178 + 256 =	457 + 168 =	625
10)	235 + 38 + 115 =	222 + 119 + 41 =	382
11)	250 – 125 – 65 =	255 – 30 – 115 =	110
12)	84 + 57 – 72 =	75 – 41 + 88 =	122

1.4 Ping-Pong-Bogen – Multiplikation

Du bist **A**. Dein Partner B stellt dir eine Aufgabe, die du auch auf deinem Zettel findest (Aufgabe für A). B hat neben der Aufgabe die Lösung zum Vergleichen stehen. Anschließend stellst du deinem Partner eine Aufgabe (Aufgabe für B). In der letzten Spalte findest du zum Vergleichen die Lösung (Lösung für B). So geht es immer hin und her.

	Aufgabe für A	Aufgabe für B	Lösung für B
1)	$8 \cdot 9 =$	$9 \cdot 6 =$	54
2)	$6 \cdot 7 =$	$7 \cdot 8 =$	56
3)	$17 \cdot 7 =$	$16 \cdot 7 =$	112
4)	$18 \cdot 6 =$	$15 \cdot 11 =$	165
5)	$22 \cdot 8 =$	$16 \cdot 16 =$	256
6)	$17 \cdot 17 =$	$23 \cdot 9 =$	207
7)	$23 \cdot 8 =$	$27 \cdot 7 =$	189
8)	$12 \cdot 17 =$	$11 \cdot 14 =$	154
9)	$13 \cdot 14 =$	$12 \cdot 13 =$	156
10)	$13 \cdot 19 =$	$19 \cdot 15 =$	285
11)	$16 \cdot 15 =$	$18 \cdot 16 =$	288
12)	$18 \cdot 19 =$	$14 \cdot 17 =$	238

1.4 Ping-Pong-Bogen – Multiplikation

Du bist **B**. Du stellst deinem Partner A die erste Aufgabe, die du auch auf deinem Zettel findest (Aufgabe für A). Daneben steht zur Kontrolle die Lösung der Aufgabe. Anschließend stellt dir dein Partner eine Aufgabe (Aufgabe für B). So geht es immer hin und her.

	Aufgabe für B	Aufgabe für A	Lösung für A
1)	$9 \cdot 6 =$	$8 \cdot 9 =$	72
2)	$7 \cdot 8 =$	$6 \cdot 7 =$	42
3)	$16 \cdot 7 =$	$17 \cdot 7 =$	119
4)	$15 \cdot 11 =$	$18 \cdot 6 =$	108
5)	$16 \cdot 16 =$	$22 \cdot 8 =$	176
6)	$23 \cdot 9 =$	$17 \cdot 17 =$	289
7)	$27 \cdot 7 =$	$23 \cdot 8 =$	184
8)	$11 \cdot 14 =$	$12 \cdot 17 =$	204
9)	$12 \cdot 13 =$	$13 \cdot 14 =$	182
10)	$19 \cdot 15 =$	$13 \cdot 19 =$	247
11)	$18 \cdot 16 =$	$16 \cdot 15 =$	240
12)	$14 \cdot 17 =$	$18 \cdot 19 =$	342

Jochen Sven Wild: Fit in Mathe durch Ping-Pong-Bögen · Best.-Nr. 722 © Brigg Pädagogik Verlag GmbH, Augsburg

1.5 Ping-Pong-Bogen – Division mit Rest

Du bist **A**. Dein Partner B stellt dir eine Aufgabe, die du auch auf deinem Zettel findest (Aufgabe für A). B hat neben der Aufgabe die Lösung zum Vergleichen stehen. Anschließend stellst du deinem Partner eine Aufgabe (Aufgabe für B). In der letzten Spalte findest du zum Vergleichen die Lösung (Lösung für B). So geht es immer hin und her.

	Aufgabe für A	Aufgabe für B	Lösung für B
1)	40 : 6 =	50 : 7 =	7 Rest 1
2)	75 : 9 =	69 : 8 =	8 Rest 5
3)	77 : 5 =	88 : 5 =	17 Rest 3
4)	100 : 9 =	120 : 11 =	10 Rest 10
5)	130 : 8 =	140 : 9 =	15 Rest 5
6)	130 : 11 =	160 : 13 =	12 Rest 4
7)	150 : 12 =	170 : 12 =	14 Rest 2
8)	185 : 16 =	176 : 16 =	11 (Rest 0)
9)	250 : 12 =	255 : 13 =	19 Rest 8
10)	300 : 9 =	300 : 11 =	27 Rest 3
11)	333 : 13 =	345 : 14 =	24 Rest 9
12)	385 : 17 =	399 : 16 =	24 Rest 15

1.5 Ping-Pong-Bogen – Division mit Rest

Du bist **B**. Du stellst deinem Partner A die erste Aufgabe, die du auch auf deinem Zettel findest (Aufgabe für A). Daneben steht zur Kontrolle die Lösung der Aufgabe. Anschließend stellt dir dein Partner eine Aufgabe (Aufgabe für B). So geht es immer hin und her.

	Aufgabe für B	Aufgabe für A	Lösung für A
1)	50 : 7 =	40 : 6 =	6 Rest 4
2)	69 : 8 =	75 : 9 =	8 Rest 3
3)	88 : 5 =	77 : 5 =	15 Rest 2
4)	120 : 11 =	100 : 9 =	11 Rest 1
5)	140 : 9 =	130 : 8 =	16 Rest 2
6)	160 : 13 =	130 : 11 =	11 Rest 9
7)	170 : 12 =	150 : 12 =	12 Rest 6
8)	176 : 16 =	185 : 16 =	11 Rest 9
9)	255 : 13 =	250 : 12 =	20 Rest 10
10)	300 : 11 =	300 : 9 =	33 Rest 3
11)	345 : 14 =	333 : 13 =	25 Rest 8
12)	399 : 16 =	385 : 17 =	22 Rest 11

1.6 Ping-Pong-Bogen – Division ohne Rest

Du bist **A**. Dein Partner B stellt dir eine Aufgabe, die du auch auf deinem Zettel findest (Aufgabe für A). B hat neben der Aufgabe die Lösung zum Vergleichen stehen. Anschließend stellst du deinem Partner eine Aufgabe (Aufgabe für B). In der letzten Spalte findest du zum Vergleichen die Lösung (Lösung für B). So geht es immer hin und her.

	Aufgabe für A	Aufgabe für B	Lösung für B
1)	65 : 5 =	85 : 5 =	17
2)	96 : 4 =	84 : 7 =	12
3)	91 : 7 =	92 : 4 =	23
4)	95 : 19 =	96 : 16 =	6
5)	144 : 12 =	112 : 4 =	28
6)	126 : 6 =	196 : 14 =	14
7)	165 : 11 =	156 : 12 =	13
8)	180 : 15 =	135 : 5 =	27
9)	204 : 17 =	210 : 15 =	14
10)	256 : 16 =	279 : 9 =	31
11)	248 : 8 =	361 : 19 =	19
12)	432 : 16 =	527 : 17 =	31

1.6 Ping-Pong-Bogen – Division ohne Rest

Du bist **B**. Du stellst deinem Partner A die erste Aufgabe, die du auch auf deinem Zettel findest (Aufgabe für A). Daneben steht zur Kontrolle die Lösung der Aufgabe. Anschließend stellt dir dein Partner eine Aufgabe (Aufgabe für B). So geht es immer hin und her.

	Aufgabe für B	Aufgabe für A	Lösung für A
1)	85 : 5 =	65 : 5 =	13
2)	84 : 7 =	96 : 4 =	24
3)	92 : 4 =	91 : 7 =	13
4)	96 : 16 =	95 : 19 =	5
5)	112 : 4 =	144 : 12 =	12
6)	196 : 14 =	126 : 6 =	21
7)	156 : 12 =	165 : 11 =	15
8)	135 : 5 =	180 : 15 =	12
9)	210 : 15 =	204 : 17 =	12
10)	279 : 9 =	256 : 16 =	16
11)	361 : 19 =	248 : 8 =	31
12)	527 : 17 =	432 : 16 =	27

Jochen Sven Wild: Fit in Mathe durch Ping-Pong-Bögen · Best.-Nr. 722 © Brigg Pädagogik Verlag GmbH, Augsburg

1.7 Ping-Pong-Bogen – Potenzieren

Du bist **A**. Dein Partner B stellt dir eine Aufgabe, die du auch auf deinem Zettel findest (Aufgabe für A). B hat neben der Aufgabe die Lösung zum Vergleichen stehen. Anschließend stellst du deinem Partner eine Aufgabe (Aufgabe für B). In der letzten Spalte findest du zum Vergleichen die Lösung (Lösung für B). So geht es immer hin und her.

	Aufgabe für A	Aufgabe für B	Lösung für B
1)	$2^4 =$	$3^3 =$	27
2)	$7^1 =$	$10^2 =$	100
3)	$5^3 =$	$9^2 =$	81
4)	$3^4 =$	$6^3 =$	216
5)	$18^2 =$	$10^4 =$	10000
6)	$1^8 =$	$0^5 =$	0
7)	$10^6 =$	$2^6 =$	64
8)	$4^3 =$	$9^0 =$	1
9)	$8^2 =$	$15^2 =$	225
10)	$11^0 =$	$3^5 =$	243
11)	$0^{11} =$	$1^7 =$	1
12)	$5^4 =$	$2^8 =$	256

1.7 Ping-Pong-Bogen – Potenzieren

Du bist **B**. Du stellst deinem Partner A die erste Aufgabe, die du auch auf deinem Zettel findest (Aufgabe für A). Daneben steht zur Kontrolle die Lösung der Aufgabe. Anschließend stellt dir dein Partner eine Aufgabe (Aufgabe für B). So geht es immer hin und her.

	Aufgabe für B	Aufgabe für A	Lösung für A
1)	$3^3 =$	$2^4 =$	16
2)	$10^2 =$	$7^1 =$	7
3)	$9^2 =$	$5^3 =$	125
4)	$6^3 =$	$3^4 =$	81
5)	$10^4 =$	$18^2 =$	324
6)	$0^5 =$	$1^8 =$	1
7)	$2^6 =$	$10^6 =$	1000000
8)	$9^0 =$	$4^3 =$	64
9)	$15^2 =$	$8^2 =$	64
10)	$3^5 =$	$11^0 =$	1
11)	$1^7 =$	$0^{11} =$	0
12)	$2^8 =$	$5^4 =$	625

1.8 Ping-Pong-Bogen – Punkt vor Strich

Du bist **A**. Dein Partner B stellt dir eine Aufgabe, die du auch auf deinem Zettel findest (Aufgabe für A). B hat neben der Aufgabe die Lösung zum Vergleichen stehen. Anschließend stellst du deinem Partner eine Aufgabe (Aufgabe für B). In der letzten Spalte findest du zum Vergleichen die Lösung (Lösung für B). So geht es immer hin und her.

	Aufgabe für A	Aufgabe für B	Lösung für B
1)	$36 - 5 \cdot 5 =$	$48 + 36 : 4 =$	57
2)	$81 - 7 \cdot 6 =$	$50 - 7 \cdot 7 =$	1
3)	$42 - 72 \cdot 6 =$	$100 - 9 \cdot 8 =$	28
4)	$20 : 4 + 20 \cdot 4 =$	$150 : 6 - 24 =$	1
5)	$3 \cdot 4 \cdot 5 : 6 =$	$25 : 5 \cdot 4 - 7 =$	13
6)	$13 \cdot 13 - 12 \cdot 12 =$	$7 \cdot 15 - 12 \cdot 6 =$	33
7)	$13 \cdot 17 - 10 =$	$25 \cdot 9 + 5 \cdot 5 =$	250
8)	$11 \cdot 11 - 10 \cdot 12 =$	$15 \cdot 8 - 18 \cdot 5 =$	30
9)	$15 \cdot 7 + 31 \cdot 6 =$	$12 \cdot 13 : 4 + 1 =$	40
10)	$246 : 6 - 5 \cdot 7 =$	$14 \cdot 14 - 13 \cdot 13 =$	27
11)	$230 - 16 \cdot 15 : 3 =$	$70 - 13 \cdot 13 : 13 =$	57
12)	$18 \cdot 9 - 7 \cdot 5 + 23 =$	$240 - 7 \cdot 15 - 12 \cdot 6 =$	63

1.8 Ping-Pong-Bogen – Punkt vor Strich

Du bist **B**. Du stellst deinem Partner A die erste Aufgabe, die du auch auf deinem Zettel findest (Aufgabe für A). Daneben steht zur Kontrolle die Lösung der Aufgabe. Anschließend stellt dir dein Partner eine Aufgabe (Aufgabe für B). So geht es immer hin und her.

	Aufgabe für B	Aufgabe für A	Lösung für A
1)	$48 + 36 : 4 =$	$36 - 5 \cdot 5 =$	11
2)	$50 - 7 \cdot 7 =$	$81 - 7 \cdot 6 =$	39
3)	$100 - 9 \cdot 8 =$	$42 - 72 \cdot 6 =$	30
4)	$150 : 6 - 24 =$	$20 : 4 + 20 \cdot 4 =$	85
5)	$25 : 5 \cdot 4 - 7 =$	$3 \cdot 4 \cdot 5 : 6 =$	10
6)	$7 \cdot 15 - 12 \cdot 6 =$	$13 \cdot 13 - 12 \cdot 12 =$	25
7)	$25 \cdot 9 + 5 \cdot 5 =$	$13 \cdot 17 - 10 =$	41
8)	$15 \cdot 8 - 18 \cdot 5 =$	$11 \cdot 11 - 10 \cdot 12 =$	1
9)	$12 \cdot 13 : 4 + 1 =$	$15 \cdot 7 + 31 \cdot 6 =$	291
10)	$14 \cdot 14 - 13 \cdot 13 =$	$246 : 6 - 5 \cdot 7 =$	6
11)	$70 - 13 \cdot 13 : 13 =$	$230 - 16 \cdot 15 : 3 =$	150
12)	$240 - 7 \cdot 15 - 12 \cdot 6 =$	$18 \cdot 9 - 7 \cdot 5 + 23 =$	150

Jochen Sven Wild: Fit in Mathe durch Ping-Pong-Bögen · Best.-Nr. 722 © Brigg Pädagogik Verlag GmbH, Augsburg

1.9 Ping-Pong-Bogen – Klammer, Punkt vor Strich

Du bist **A**. Dein Partner B stellt dir eine Aufgabe, die du auch auf deinem Zettel findest (Aufgabe für A). B hat neben der Aufgabe die Lösung zum Vergleichen stehen. Anschließend stellst du deinem Partner eine Aufgabe (Aufgabe für B). In der letzten Spalte findest du zum Vergleichen die Lösung (Lösung für B). So geht es immer hin und her.

	Aufgabe für A	Aufgabe für B	Lösung für B
1)	$16 - 3 \cdot 5 =$	$36 + 48 : 4 =$	48
2)	$29 + 5 \cdot 5 =$	$37 - 6 \cdot 6 =$	1
3)	$5 \cdot 5 + 4 \cdot 4 =$	$9 \cdot (16 - 8) =$	72
4)	$(23 + 13) : 9 =$	$5 \cdot 6 - 4 \cdot 4 =$	14
5)	$4 \cdot (3 + 4 \cdot \ 4) =$	$25 : (3 \cdot 4 - 7) =$	5
6)	$3 \cdot 9 - 5 \cdot 5 =$	$7 \cdot 7 - 8 \cdot 6 =$	1
7)	$3 \cdot (17 - (10 + 5)) =$	$(25 - 48 : 2) \cdot 9 =$	9
8)	$(121 - 11 \cdot 11) \cdot 12 =$	$18 \cdot 4 - 10 \cdot 7 =$	2
9)	$(5 \cdot 7 - 31) \cdot 6 =$	$(12 + 3 \cdot 3) : 7 =$	3
10)	$(24 + 5 \cdot 5) : 7 =$	$(170 - 13 \cdot 13) \cdot 13 =$	13
11)	$250 - 16 \cdot 15 + 3 =$	$(170 - 13 : 13) : 13 =$	13
12)	$8 \cdot 19 - 7 \cdot 3 + 7 =$	$140 - 7 \cdot 17 + 12 =$	33

1.9 Ping-Pong-Bogen – Klammer, Punkt vor Strich

Du bist **B**. Du stellst deinem Partner A die erste Aufgabe, die du auch auf deinem Zettel findest (Aufgabe für A). Daneben steht zur Kontrolle die Lösung der Aufgabe. Anschließend stellt dir dein Partner eine Aufgabe (Aufgabe für B). So geht es immer hin und her.

	Aufgabe für B	Aufgabe für A	Lösung für A
1)	$36 + 48 : 4 =$	$16 - 3 \cdot 5 =$	1
2)	$37 - 6 \cdot 6 =$	$29 + 5 \cdot 5 =$	54
3)	$9 \cdot (16 - 8) =$	$5 \cdot 5 + 4 \cdot 4 =$	41
4)	$5 \cdot 6 - 4 \cdot 4 =$	$(23 + 13) : 9 =$	4
5)	$25 : (3 \cdot 4 - 7) =$	$4 \cdot (3 + 4 \cdot 4) =$	76
6)	$7 \cdot 7 - 8 \cdot 6 =$	$3 \cdot 9 - 5 \cdot 5 =$	2
7)	$(25 - 48 : 2) \cdot 9 =$	$3 \cdot (17 - (10 + 5)) =$	6
8)	$18 \cdot 4 - 10 \cdot 7 =$	$(121 - 11 \cdot 11) \cdot 12 =$	0
9)	$(12 + 3 \cdot 3) : 7 =$	$(5 \cdot 7 - 31) \cdot 6 =$	24
10)	$(170 - 13 \cdot 13) \cdot 13 =$	$(24 + 5 \cdot 5) : 7 =$	7
11)	$(170 - 13 : 13) : 13 =$	$250 - 16 \cdot 15 + 3 =$	13
12)	$140 - 7 \cdot 17 + 12 =$	$8 \cdot 19 - 7 \cdot 3 + 7 =$	138

1.10 Ping-Pong-Bogen – Distributivgesetz

Du bist **A**. Dein Partner B stellt dir eine Aufgabe, die du auch auf deinem Zettel findest (Aufgabe für A). B hat neben der Aufgabe die Lösung zum Vergleichen stehen. Anschließend stellst du deinem Partner eine Aufgabe (Aufgabe für B). In der letzten Spalte findest du zum Vergleichen die Lösung (Lösung für B). So geht es immer hin und her.

	Aufgabe für A	Aufgabe für B	Lösung für B
1)	$12 \cdot 4 + 12 \cdot 6 =$	$15 \cdot 13 - 15 \cdot 3 =$	150
2)	$25 \cdot 17 - 25 \cdot 15 =$	$17 \cdot 7 + 17 \cdot 3 =$	170
3)	$8 \cdot (50 + 6) =$	$144 : 12 - 84 : 12 =$	5
4)	$156 : 13 - 26 : 13 =$	$(100 + 3) \cdot 14 =$	1442
5)	$216 : 6 - 96 : 6 =$	$11 \cdot 58 - 11 \cdot 55 =$	33
6)	$(30 - 2) \cdot 8 =$	$186 : 6 - 126 : 6 =$	10
7)	$(100 - 20 - 4) \cdot 5 =$	$(20 - 3) \cdot 7 =$	119
8)	$8 \cdot 12 + 8 \cdot 13 + 8 \cdot 15 =$	$(192 - 48 - 24) : 4 =$	30
9)	$(30 - 10 - 2) \cdot 9 =$	$198 : 11 - 88 : 11 =$	10
10)	$23 \cdot 6 + 14 \cdot 6 + 13 \cdot 6 =$	$41 \cdot 9 - 14 \cdot 9 - 7 \cdot 9 =$	180
11)	$78 \cdot 7 - 11 \cdot 7 - 17 \cdot 7 =$	$7 \cdot (200 + 30 - 1) =$	1603
12)	$59 \cdot 13 - 24 \cdot 13 + 5 \cdot 13 =$	$63 \cdot 11 - 47 \cdot 11 + 4 \cdot 11 =$	220

1.10 Ping-Pong-Bogen – Distributivgesetz

Du bist **B**. Du stellst deinem Partner A die erste Aufgabe, die du auch auf deinem Zettel findest (Aufgabe für A). Daneben steht zur Kontrolle die Lösung der Aufgabe. Anschließend stellt dir dein Partner eine Aufgabe (Aufgabe für B). So geht es immer hin und her.

	Aufgabe für B	Aufgabe für A	Lösung für A
1)	$15 \cdot 13 - 15 \cdot 3 =$	$12 \cdot 4 + 12 \cdot 6 =$	120
2)	$17 \cdot 7 + 17 \cdot 3 =$	$25 \cdot 17 - 25 \cdot 15 =$	50
3)	$144 : 12 - 84 : 12 =$	$8 \cdot (50 + 6) =$	448
4)	$(100 + 3) \cdot 14 =$	$156 : 13 - 26 : 13 =$	10
5)	$11 \cdot 58 - 11 \cdot 55 =$	$216 : 6 - 96 : 6 =$	20
6)	$186 : 6 - 126 : 6 =$	$(30 - 2) \cdot 8 =$	224
7)	$(20 - 3) \cdot 7 =$	$(100 - 20 - 4) \cdot 5 =$	380
8)	$(192 - 48 - 24) : 4 =$	$8 \cdot 12 + 8 \cdot 13 + 8 \cdot 15 =$	320
9)	$198 : 11 - 88 : 11 =$	$(30 - 10 - 2) \cdot 9 =$	162
10)	$41 \cdot 9 - 14 \cdot 9 - 7 \cdot 9 =$	$23 \cdot 6 + 14 \cdot 6 + 13 \cdot 6 =$	300
11)	$7 \cdot (200 + 30 - 1) =$	$78 \cdot 7 - 11 \cdot 7 - 17 \cdot 7 =$	350
12)	$63 \cdot 11 - 47 \cdot 11 + 4 \cdot 11 =$	$59 \cdot 13 - 24 \cdot 13 + 5 \cdot 13 =$	520

Jochen Sven Wild: Fit in Mathe durch Ping-Pong-Bögen · Best.-Nr. 722 © Brigg Pädagogik Verlag GmbH, Augsburg

1.11 Ping-Pong-Bogen – Vermischte Aufgaben

Du bist **A**. Dein Partner B stellt dir eine Aufgabe, die du auch auf deinem Zettel findest (Aufgabe für A). B hat neben der Aufgabe die Lösung zum Vergleichen stehen. Anschließend stellst du deinem Partner eine Aufgabe (Aufgabe für B). In der letzten Spalte findest du zum Vergleichen die Lösung (Lösung für B). So geht es immer hin und her.

	Aufgabe für A	Aufgabe für B	Lösung für B
1)	$43 + 38 =$	$13 \cdot 7 =$	91
2)	$84 : 4 =$	$87 - 56 =$	31
3)	$95 - 73 =$	$55 + 19 =$	74
4)	$12 \cdot 8 =$	$78 : 6 =$	13
5)	$78 + 55 =$	$16 \cdot 12 =$	192
6)	$132 : 6 =$	$151 - 78 =$	73
7)	$165 - 87 =$	$93 + 48 =$	141
8)	$13 \cdot 15 =$	$129 : 3 =$	43
9)	$25 + 14 \cdot 3 =$	$61 - 11 \cdot 5 =$	6
10)	$25 \cdot 6 - 4 \cdot 18 =$	$12 \cdot 12 + 7 \cdot 8 =$	200
11)	$(278 - 123) : 5 =$	$(154 + 86) : 16 =$	15
12)	$24 \cdot 17 =$	$26 \cdot 16 =$	416

1.11 Ping-Pong-Bogen – Vermischte Aufgaben

Du bist **B**. Du stellst deinem Partner A die erste Aufgabe, die du auch auf deinem Zettel findest (Aufgabe für A). Daneben steht zur Kontrolle die Lösung der Aufgabe. Anschließend stellt dir dein Partner eine Aufgabe (Aufgabe für B). So geht es immer hin und her.

	Aufgabe für B	Aufgabe für A	Lösung für A
1)	$13 \cdot 7 =$	$43 + 38 =$	81
2)	$87 - 56 =$	$84 : 4 =$	21
3)	$55 + 19 =$	$95 - 73 =$	22
4)	$78 : 6 =$	$12 \cdot 8 =$	96
5)	$16 \cdot 12 =$	$78 + 55 =$	133
6)	$151 - 78 =$	$132 : 6 =$	22
7)	$93 + 48 =$	$165 - 87 =$	78
8)	$129 : 3 =$	$13 \cdot 15 =$	195
9)	$61 - 11 \cdot 5 =$	$25 + 14 \cdot 3 =$	67
10)	$12 \cdot 12 + 7 \cdot 8 =$	$25 \cdot 6 - 4 \cdot 18 =$	78
11)	$(154 + 86) : 16 =$	$(278 - 123) : 5 =$	31
12)	$26 \cdot 16 =$	$24 \cdot 17 =$	408

2.1 Ping-Pong-Bogen – Römische Zahlen → Natürliche Zahlen

Du bist **A**. Dein Partner B stellt dir eine Aufgabe, die du auch auf deinem Zettel findest (Aufgabe für A). B hat neben der Aufgabe die Lösung zum Vergleichen stehen. Anschließend stellst du deinem Partner eine Aufgabe (Aufgabe für B). In der letzten Spalte findest du zum Vergleichen die Lösung (Lösung für B). So geht es immer hin und her.

	Aufgabe für A	Aufgabe für B	Lösung für B
1)	III =	XII =	12
2)	XXI =	IV =	4
3)	XLIII =	XXXIV =	34
4)	LXX =	XLI =	41
5)	MMC =	DCCC =	800
6)	CXXI =	MMDI =	2501
7)	DCII =	CCXI =	211
8)	DCCXLII =	DCXLV =	645
9)	MCCV =	MMXXI =	2021
10)	MCMXLIII =	MCDXXVI =	1426
11)	MMDCCCLVII =	MMMCCXVIII =	3218
12)	MMMCDLXXIX =	MMDCCCLXXXIX =	2889

2.1 Ping-Pong-Bogen – Römische Zahlen → Natürliche Zahlen

Du bist **B**. Du stellst deinem Partner A die erste Aufgabe, die du auch auf deinem Zettel findest (Aufgabe für A). Daneben steht zur Kontrolle die Lösung der Aufgabe. Anschließend stellt dir dein Partner eine Aufgabe (Aufgabe für B). So geht es immer hin und her.

	Aufgabe für B	Aufgabe für A	Lösung für A
1)	XII =	III =	3
2)	IV =	XXI =	21
3)	XXXIV =	XLIII =	43
4)	XLI =	LXX =	70
5)	DCCC =	MMC =	2100
6)	MMDI =	CXXI =	121
7)	CCXI =	DCII =	602
8)	DCXLV =	DCCXLII =	742
9)	MMXXI =	MCCV =	1205
10)	MCDXXVI =	MCMXLIII =	1943
11)	MMMCCXVIII =	MMDCCCLVII =	2857
12)	MMDCCCLXXXIX =	MMMCDLXXIX =	3479

Jochen Sven Wild: Fit in Mathe durch Ping-Pong-Bögen · Best.-Nr. 722 © Brigg Pädagogik Verlag GmbH, Augsburg

2.2 Ping-Pong-Bogen – Natürliche Zahlen → Römische Zahlen

Du bist **A**. Dein Partner B stellt dir eine Aufgabe, die du auch auf deinem Zettel findest (Aufgabe für A). B hat neben der Aufgabe die Lösung zum Vergleichen stehen. Anschließend stellst du deinem Partner eine Aufgabe (Aufgabe für B). In der letzten Spalte findest du zum Vergleichen die Lösung (Lösung für B). So geht es immer hin und her.

	Aufgabe für A	Aufgabe für B	Lösung für B
1)	8 =	4 =	IV
2)	23 =	11 =	XI
3)	2000 =	300 =	CCC
4)	29 =	35 =	XXXV
5)	90 =	80 =	LXXX
6)	555 =	345 =	CCCXLV
7)	720 =	601 =	DCI
8)	2600 =	900 =	CM
9)	1931 =	1504 =	MDIV
10)	966 =	1999 =	MCMXCIX
11)	2424 =	3712 =	MMMDCCXII
12)	1444 =	3943 =	MMMCMXLIII

2.2 Ping-Pong-Bogen – Natürliche Zahlen → Römische Zahlen

Du bist **B**. Du stellst deinem Partner A die erste Aufgabe, die du auch auf deinem Zettel findest (Aufgabe für A). Daneben steht zur Kontrolle die Lösung der Aufgabe. Anschließend stellt dir dein Partner eine Aufgabe (Aufgabe für B). So geht es immer hin und her.

	Aufgabe für B	Aufgabe für A	Lösung für A
1)	4 =	8 =	VIII
2)	11 =	23 =	XXIII
3)	300 =	2000 =	MM
4)	35 =	29 =	XXIX
5)	80 =	90 =	XC
6)	345 =	555 =	DLV
7)	601 =	720 =	DCCXX
8)	900 =	2600 =	MMDC
9)	1504 =	1931 =	MCMXXXI
10)	1999 =	966 =	CMLXVI
11)	3712 =	2424 =	MMCDXXIV
12)	3943 =	1444 =	MCDXLIV

2.3 Ping-Pong-Bogen – Zweiersystem $\rightarrow$ Natürliche Zahlen

Du bist **A**. Dein Partner B stellt dir eine Aufgabe, die du auch auf deinem Zettel findest (Aufgabe für A). B hat neben der Aufgabe die Lösung zum Vergleichen stehen. Anschließend stellst du deinem Partner eine Aufgabe (Aufgabe für B). In der letzten Spalte findest du zum Vergleichen die Lösung (Lösung für B). So geht es immer hin und her.

1)	Aufgabe für A	Aufgabe für B	Lösung für B
1)	$(11)_2 =$	$(101)_2 =$	5
2)	$(110)_2 =$	$(10)_2 =$	2
3)	$(1010)_2 =$	$(1101)_2 =$	13
4)	$(10001)_2 =$	$(1001)_2 =$	9
5)	$(10111)_2 =$	$(11100)_2 =$	28
6)	$(11101)_2 =$	$(10101)_2 =$	21
7)	$(100001)_2 =$	$(100100)_2 =$	36
8)	$(101100)_2 =$	$(110011)_2 =$	51
9)	$(110110)_2 =$	$(101111)_2 =$	47
10)	$(111111)_2 =$	$(1000000)_2 =$	64
11)	$(1010000)_2 =$	$(1010101)_2 =$	85
12)	$(1101101)_2 =$	$(1111111)_2 =$	127

2.3 Ping-Pong-Bogen – Zweiersystem $\rightarrow$ Natürliche Zahlen

Du bist **B**. Du stellst deinem Partner A die erste Aufgabe, die du auch auf deinem Zettel findest (Aufgabe für A). Daneben steht zur Kontrolle die Lösung der Aufgabe. Anschließend stellt dir dein Partner eine Aufgabe (Aufgabe für B). So geht es immer hin und her.

	Aufgabe für B	Aufgabe für A	Lösung für A
1)	$(101)_2 =$	$(11)_2 =$	3
2)	$(10)_2 =$	$(110)_2 =$	6
3)	$(1101)_2 =$	$(1010)_2 =$	10
4)	$(1001)_2 =$	$(10001)_2 =$	17
5)	$(11100)_2 =$	$(10111)_2 =$	23
6)	$(10101)_2 =$	$(11101)_2 =$	29
7)	$(100100)_2 =$	$(100001)_2 =$	33
8)	$(110011)_2 =$	$(101100)_2 =$	44
9)	$(101111)_2 =$	$(110110)_2 =$	54
10)	$(1000000)_2 =$	$(111111)_2 =$	63
11)	$(1010101)_2 =$	$(1010000)_2 =$	80
12)	$(1111111)_2 =$	$(1101101)_2 =$	109

2.4 Ping-Pong-Bogen – Zweiersystem → Natürliche Zahlen

Du bist **A**. Dein Partner B stellt dir eine Aufgabe, die du auch auf deinem Zettel findest (Aufgabe für A). B hat neben der Aufgabe die Lösung zum Vergleichen stehen. Anschließend stellst du deinem Partner eine Aufgabe (Aufgabe für B). In der letzten Spalte findest du zum Vergleichen die Lösung (Lösung für B). So geht es immer hin und her.

	Aufgabe für A	Aufgabe für B	Lösung für B
1)	2 =	3 =	$(11)_2$
2)	7 =	5 =	$(101)_2$
3)	13 =	19 =	$(10011)_2$
4)	21 =	9 =	$(1001)_2$
5)	17 =	24 =	$(11000)_2$
6)	10 =	12 =	$(1100)_2$
7)	25 =	29 =	$(11101)_2$
8)	20 =	15 =	$(1111)_2$
9)	30 =	32 =	$(100000)_2$
10)	50 =	60 =	$(111100)_2$
11)	75 =	72 =	$(1001000)_2$
12)	99 =	100 =	$(1100100)_2$

2.4 Ping-Pong-Bogen – Zweiersystem → Natürliche Zahlen

Du bist **B**. Du stellst deinem Partner A die erste Aufgabe, die du auch auf deinem Zettel findest (Aufgabe für A). Daneben steht zur Kontrolle die Lösung der Aufgabe. Anschließend stellt dir dein Partner eine Aufgabe (Aufgabe für B). So geht es immer hin und her.

	Aufgabe für B	Aufgabe für A	Lösung für A
1)	3 =	2 =	$(10)_2$
2)	5 =	7 =	$(111)_2$
3)	19 =	13 =	$(1101)_2$
4)	9 =	21 =	$(10101)_2$
5)	24 =	17 =	$(10001)_2$
6)	12 =	10 =	$(1010)_2$
7)	29 =	25 =	$(11001)_2$
8)	15 =	20 =	$(10100)_2$
9)	32 =	30 =	$(11110)_2$
10)	60 =	50 =	$(110010)_2$
11)	72 =	75 =	$(1001011)_2$
12)	100 =	99 =	$(1100011)_2$

2.5 Ping-Pong-Bogen – Fünfersystem → Natürliche Zahlen

Du bist **A**. Dein Partner B stellt dir eine Aufgabe, die du auch auf deinem Zettel findest (Aufgabe für A). B hat neben der Aufgabe die Lösung zum Vergleichen stehen. Anschließend stellst du deinem Partner eine Aufgabe (Aufgabe für B). In der letzten Spalte findest du zum Vergleichen die Lösung (Lösung für B). So geht es immer hin und her.

	Aufgabe für A	Aufgabe für B	Lösung für B
1)	$(4)_5 =$	$(3)_5 =$	3
2)	$(20)_5 =$	$(11)_5 =$	6
3)	$(31)_5 =$	$(40)_5 =$	20
4)	$(23)_5 =$	$(32)_5 =$	17
5)	$(101)_5 =$	$(110)_5 =$	30
6)	$(300)_5 =$	$(201)_5 =$	51
7)	$(222)_5 =$	$(321)_5 =$	86
8)	$(312)_5 =$	$(432)_5 =$	117
9)	$(1003)_5 =$	$(1011)_5 =$	131
10)	$(1111)_5 =$	$(2030)_5 =$	265
11)	$(4000)_5 =$	$(1400)_5 =$	225
12)	$(10203)_5 =$	$(10023)_5 =$	638

2.5 Ping-Pong-Bogen – Fünfersystem → Natürliche Zahlen

Du bist **B**. Du stellst deinem Partner A die erste Aufgabe, die du auch auf deinem Zettel findest (Aufgabe für A). Daneben steht zur Kontrolle die Lösung der Aufgabe. Anschließend stellt dir dein Partner eine Aufgabe (Aufgabe für B). So geht es immer hin und her.

	Aufgabe für B	Aufgabe für A	Lösung für A
1)	$(3)_5 =$	$(4)_5 =$	4
2)	$(11)_5 =$	$(20)_5 =$	10
3)	$(40)_5 =$	$(31)_5 =$	16
4)	$(32)_5 =$	$(23)_5 =$	13
5)	$(110)_5 =$	$(101)_5 =$	26
6)	$(201)_5 =$	$(300)_5 =$	75
7)	$(321)_5 =$	$(222)_5 =$	62
8)	$(432)_5 =$	$(312)_5 =$	82
9)	$(1011)_5 =$	$(1003)_5 =$	128
10)	$(2030)_5 =$	$(1111)_5 =$	156
11)	$(1400)_5 =$	$(4000)_5 =$	500
12)	$(10023)_5 =$	$(10203)_5 =$	678

Jochen Sven Wild: Fit in Mathe durch Ping-Pong-Bögen · Best.-Nr. 722 © Brigg Pädagogik Verlag GmbH, Augsburg

3.1 Ping-Pong-Bogen – Zeiten

Du bist **A**. Dein Partner B stellt dir eine Aufgabe, die du auch auf deinem Zettel findest (Aufgabe für A). B hat neben der Aufgabe die Lösung zum Vergleichen stehen. Anschließend stellst du deinem Partner eine Aufgabe (Aufgabe für B). In der letzten Spalte findest du zum Vergleichen die Lösung (Lösung für B). So geht es immer hin und her.

	Aufgabe für A	Aufgabe für B	Lösung für B
1)	3 h = min	5 min = s	300 s
2)	2 d = h	72 h = d	3 d
3)	240 s = min	164 s = min s	2 min 44 s
4)	720 min = h	840 min = h	14 h
5)	18 min = s	6 d = h	144 h
6)	90 min = h min	700 s = min s	11 min 40 s
7)	200 s = min s	330 min = h min	5 h 30 min
8)	5 d 5 h = h	50 h = d h	2 d 2 h
9)	717 min = h min	1234 s = min s	20 min 34 s
10)	1300 s = min s	1000 min = h min	16 h 40 min
11)	2 h = s	21 d = h	504 h
12)	5000 s = h min s	1 d = min	1440 min

3.1 Ping-Pong-Bogen – Zeiten

Du bist **B**. Du stellst deinem Partner A die erste Aufgabe, die du auch auf deinem Zettel findest (Aufgabe für A). Daneben steht zur Kontrolle die Lösung der Aufgabe. Anschließend stellt dir dein Partner eine Aufgabe (Aufgabe für B). So geht es immer hin und her.

	Aufgabe für B	Aufgabe für A	Lösung für A
1)	5 min = s	3 h = min	180 min
2)	72 h = d	2 d = h	48 h
3)	164 s = min s	240 s = min	4 min
4)	840 min = h	720 min = h	12 h
5)	6 d = h	18 min = s	1080 s
6)	700 s = min s	90 min = h min	1 h 30 min
7)	330 min = h min	200 s = min s	3 min 20 s
8)	50 h = d h	5 d 5 h = h	125 h
9)	1234 s = min s	717 min = h min	11 h 57 min
10)	1000 min = h min	1300 s = min s	21 min 40 s
11)	21 d = h	2 h = s	7200 s
12)	1 d = min	5000 s = h min s	1 h 23 min 20 s

3.2 Ping-Pong-Bogen – Zeitspannen

Du bist **A**. Dein Partner B stellt dir eine Aufgabe, die du auch auf deinem Zettel findest (Aufgabe für A). B hat neben der Aufgabe die Lösung zum Vergleichen stehen. Anschließend stellst du deinem Partner eine Aufgabe (Aufgabe für B). In der letzten Spalte findest du zum Vergleichen die Lösung (Lösung für B). So geht es immer hin und her.

	Aufgabe für A	Aufgabe für B	Lösung für B
1)	von 12:15 bis 12:45	von 9:10 bis 9:50	40 min
2)	von 12:15 bis 13:00	von 9:10 bis 11:10	2 h
3)	von 12:15 bis 13:15	von 9:10 bis 15:10	6 h
4)	von 11:58 bis 12:45	von 8:35 bis 9:20	45 min
5)	von 10:26 bis 12:45	von 8:35 bis 12:45	4 h 10 min
6)	von 10:26 bis 12:15	von 8:35 bis 12:10	3 h 35 min
7)	von 2:15 bis 23:45	von 4:35 bis 0:45	20 h 10 min
8)	von 21:15 bis 0:16	von 4:35 bis 22:51	18 h 16 min
9)	von 12:51 bis 21:45	von 4:55 bis 12:45	7 h 50 min
10)	von 12:51 bis 0:16	von 16:15 bis 2:45	10 h 30 min
11)	von 2:31 bis 1:16	von 2:15 bis 0:07	21 h 52 min
12)	von 12:15:15 bis 15:45:10	von 2:25:31 bis 4:45:21	2 h 19 min 50 s

3.2 Ping-Pong-Bogen – Zeitspannen

Du bist **B**. Du stellst deinem Partner A die erste Aufgabe, die du auch auf deinem Zettel findest (Aufgabe für A). Daneben steht zur Kontrolle die Lösung der Aufgabe. Anschließend stellt dir dein Partner eine Aufgabe (Aufgabe für B). So geht es immer hin und her.

	Aufgabe für B	Aufgabe für A	Lösung für A
1)	von 9:10 bis 9:50	von 12:15 bis 12:45	30 min
2)	von 9:10 bis 11:10	von 12:15 bis 13:00	45 min
3)	von 9:10 bis 15:10	von 12:15 bis 13:15	1 h
4)	von 8:35 bis 9:20	von 11:58 bis 12:45	47 min
5)	von 8:35 bis 12:45	von 10:26 bis 12:45	2 h 19 min
6)	von 8:35 bis 12:10	von 10:26 bis 12:15	1 h 49 min
7)	von 4:35 bis 0:45	von 2:15 bis 23:45	21 h 30 min
8)	von 4:35 bis 22:51	von 21:15 bis 0:16	3 h 1 min
9)	von 4:55 bis 12:45	von 12:51 bis 21:45	8 h 54 min
10)	von 16:15 bis 2:45	von 12:51 bis 0:16	11 h 25 min
11)	von 2:15 bis 0:07	von 2:31 bis 1:16	22 h 45 min
12)	von 2:25:31 bis 4:45:21	von 12:15:15 bis 15:45:10	3 h 29 min 55 s

Jochen Sven Wild: Fit in Mathe durch Ping-Pong-Bögen · Best.-Nr. 722 © Brigg Pädagogik Verlag GmbH, Augsburg

3.3 Ping-Pong-Bogen – Gewichte

Du bist **A**. Dein Partner B stellt dir eine Aufgabe, die du auch auf deinem Zettel findest (Aufgabe für A). B hat neben der Aufgabe die Lösung zum Vergleichen stehen. Anschließend stellst du deinem Partner eine Aufgabe (Aufgabe für B). In der letzten Spalte findest du zum Vergleichen die Lösung (Lösung für B). So geht es immer hin und her.

	Aufgabe für A	Aufgabe für B	Lösung für B
1)	14000 kg = t	4 kg = g	4000 g
2)	7 kg = g	1225 kg = t kg	1 t 225 kg
3)	12 kg = mg	64 t = kg	64000 kg
4)	4 t 40 kg = kg	610000 mg = g	610 g
5)	1234567 g = t kg g	2423 kg = t kg	2 t 423 kg
6)	7 kg 70 g 400 mg = mg	3 t 4 kg 7 g = g	3004007 g
7)	3 kg 3 mg = mg	300 g 3 mg = mg	300003 mg
8)	820 kg 3 g = mg	2 kg = mg	2000000 mg
9)	70045 kg = t kg	1000000000 mg = t	1 t
10)	8400 mg = g mg	2 kg 2 mg = mg	2000002 mg
11)	1 kg 400 mg = mg	726 t 2 kg = g	726002000 g
12)	834 t 1 kg = g	7654321 mg = kg g mg	7 kg 654 g 321 mg

3.3 Ping-Pong-Bogen – Gewichte

Du bist **B**. Du stellst deinem Partner A die erste Aufgabe, die du auch auf deinem Zettel findest (Aufgabe für A). Daneben steht zur Kontrolle die Lösung der Aufgabe. Anschließend stellt dir dein Partner eine Aufgabe (Aufgabe für B). So geht es immer hin und her.

	Aufgabe für B	Aufgabe für A	Lösung für A
1)	4 kg = g	14000 kg = t	14 t
2)	1225 kg = t kg	7 kg = g	7000 g
3)	64 t = kg	12 kg = mg	12000000 mg
4)	610000 mg = g	4 t 40 kg = kg	4040 kg
5)	2423 kg = t kg	1234567 g = t kg g	1 t 234 kg 567 g
6)	3 t 4 kg 7 g = g	7 kg 70 g 400 mg = mg	7070400 mg
7)	300 g 3 mg = mg	3 kg 3 mg = mg	3000003 mg
8)	2 kg = mg	820 kg 3 g = mg	820003000 mg
9)	1000000000 mg = t	70045 kg = t kg	70 t 45 kg
10)	2 kg 2 mg = mg	8400 mg = g mg	8 g 400 mg
11)	726 t 2 kg = g	1 kg 400 mg = mg	1000400 mg
12)	7654321 mg = kg g mg	834 t 1 kg = g	834001000 g

3.4 Ping-Pong-Bogen – Längen

Du bist **A**. Dein Partner B stellt dir eine Aufgabe, die du auch auf deinem Zettel findest (Aufgabe für A). B hat neben der Aufgabe die Lösung zum Vergleichen stehen. Anschließend stellst du deinem Partner eine Aufgabe (Aufgabe für B). In der letzten Spalte findest du zum Vergleichen die Lösung (Lösung für B). So geht es immer hin und her.

	Aufgabe für A	Aufgabe für B	Lösung für B
1)	130 dm = m	4 dm = cm	40 cm
2)	7 m = cm	1225 dm = m dm	122 m 5 dm
3)	2 km = m	64 cm = mm	640 mm
4)	3 m 4 dm = mm	610000 m = km	610 km
5)	923 cm = m dm cm	2423 m = km m	2 km 423 m
6)	2 m 7 dm 4 cm = cm	3 dm 4 cm 7 mm = mm	347 mm
7)	3 km 3 m = m	300 m 3 cm = cm	30003 cm
8)	820 m 3 dm = dm	2 km = cm	200000 cm
9)	70045 dm = km m dm	10000000 mm = km	10 km
10)	8400 m = cm	2 km 2 m = cm	200200 cm
11)	1 km 400 cm = m	726 km 2 dm = cm	72600020 cm
12)	834 m 1 cm = mm	123450 cm = km m dm	1 km 234 m 5 dm

3.4 Ping-Pong-Bogen – Längen

Du bist **B**. Du stellst deinem Partner A die erste Aufgabe, die du auch auf deinem Zettel findest (Aufgabe für A). Daneben steht zur Kontrolle die Lösung der Aufgabe. Anschließend stellt dir dein Partner eine Aufgabe (Aufgabe für B). So geht es immer hin und her.

	Aufgabe für B	Aufgabe für A	Lösung für A
1)	4 dm = cm	130 dm = m	13 m
2)	1225 dm = m dm	7 m = cm	700 cm
3)	64 cm = mm	2 km = m	2000 m
4)	610000 m = km	3 m 4 dm = mm	3400 mm
5)	2423 m = km m	923 cm = m dm cm	9 m 2 dm 3 cm
6)	3 dm 4 cm 7 mm = mm	2 m 7 dm 4 cm = cm	274 cm
7)	300 m 3 cm = cm	3 km 3 m = m	3003 m
8)	2 km = cm	820 m 3 dm = dm	8203 dm
9)	10000000 mm = km	70045 dm = km m dm	7 km 4 m 5 dm
10)	2 km 2 m = cm	8400 m = cm	840000 cm
11)	726 km 2 dm = cm	1 km 400 cm = m	1004 m
12)	123450 cm = km m dm	834 m 1 cm = mm	834010 mm

Jochen Sven Wild: Fit in Mathe durch Ping-Pong-Bögen · Best.-Nr. 722 © Brigg Pädagogik Verlag GmbH, Augsburg

3.5 Ping-Pong-Bogen – Addition und Subtraktion von Längen

Du bist **A**. Dein Partner B stellt dir eine Aufgabe, die du auch auf deinem Zettel findest (Aufgabe für A). B hat neben der Aufgabe die Lösung zum Vergleichen stehen. Anschließend stellst du deinem Partner eine Aufgabe (Aufgabe für B). In der letzten Spalte findest du zum Vergleichen die Lösung (Lösung für B). So geht es immer hin und her.

	Aufgabe für A	Aufgabe für B	Lösung für B
1)	41 dm + 66 cm =	51 mm + 11 cm =	161 mm
2)	13 m + 130 cm =	5 m – 77 cm =	423 cm
3)	6 dm – 66 mm =	3 m 2 cm + 2 dm =	322 cm
4)	33 cm + 330 mm =	14 dm + 1400 cm =	1540 cm
5)	3 m 6 cm + 4 dm 1 mm =	1 km – 72 m =	928 m
6)	3 km – 1542 m =	5 m – 77 mm =	4923 mm
7)	4 m 5 cm + 2 m 8 dm 7 cm =	89 m + 590 cm =	9490 cm
8)	3 km – 252 m =	2 m 6 dm 6 cm + 1 m 5 dm 5 cm =	421 cm
9)	89 m + 8900 mm =	179 dm – 13 m =	49 dm
10)	3 m 4 dm 5 cm + 1 m 7 dm 7 cm =	3 m 9 mm + 2 dm 2 cm 2 mm =	3231 mm
11)	1155 dm – 13 m =	7654 mm – 36 cm =	7294 mm
12)	45 dm + 61 cm + 42 mm =	25 m + 41 dm + 16 cm =	2926 cm

3.5 Ping-Pong-Bogen – Addition und Subtraktion von Längen

Du bist **B**. Du stellst deinem Partner A die erste Aufgabe, die du auch auf deinem Zettel findest (Aufgabe für A). Daneben steht zur Kontrolle die Lösung der Aufgabe. Anschließend stellt dir dein Partner eine Aufgabe (Aufgabe für B). So geht es immer hin und her.

	Aufgabe für B	Aufgabe für A	Lösung für A
1)	51 mm + 11 cm =	41 dm + 66 cm =	476 cm
2)	5 m – 77 cm =	13 m + 130 cm =	1430 cm
3)	3 m 2 cm + 2 dm =	6 dm – 66 mm =	534 mm
4)	14 dm + 1400 cm =	33 cm + 330 mm =	660 mm
5)	1 km – 72 m =	3 m 6 cm + 4 dm 1 mm =	3461 mm
6)	5 m – 77 mm =	3 km – 1542 m =	1458 m
7)	89 m + 590 cm =	4 m 5 cm + 2 m 8 dm 7 cm =	692 cm
8)	2 m 6 dm 6 cm + 1 m 5 dm 5 cm =	3 km – 252 m =	2748 m
9)	179 dm – 13 m =	89 m + 8900 mm =	97900 mm
10)	3 m 9 mm + 2 dm 2 cm 2 mm =	3 m 4 dm 5 cm + 1 m 7 dm 7 cm =	522 cm
11)	7654 mm – 36 cm =	1155 dm – 13 m =	1025 dm
12)	25 m + 41 dm + 16 cm =	45 dm + 61 cm + 42 mm =	5152 mm

Jochen Sven Wild: Fit in Mathe durch Ping-Pong-Bögen · Best.-Nr. 722 © Brigg Pädagogik Verlag GmbH, Augsburg

3.6 Ping-Pong-Bogen – Flächen

Du bist **A**. Dein Partner B stellt dir eine Aufgabe, die du auch auf deinem Zettel findest (Aufgabe für A). B hat neben der Aufgabe die Lösung zum Vergleichen stehen. Anschließend stellst du deinem Partner eine Aufgabe (Aufgabe für B). In der letzten Spalte findest du zum Vergleichen die Lösung (Lösung für B). So geht es immer hin und her.

	Aufgabe für A	Aufgabe für B	Lösung für B
1)	1300 dm² = m²	7 dm² = cm²	700 cm²
2)	8 m² = cm²	1335 dm² = m² dm²	13 m² 35 dm²
3)	3 km² = a	75 cm² = mm²	7500 mm²
4)	3 m² 9 dm² = cm²	960000 m² = ha	96 ha
5)	92354 cm² = m² dm² cm²	1234 m² = a m²	12 a 34 m²
6)	12 m² 7 dm² 14 cm² = cm²	13 m² 7 dm² 4 cm² = cm²	130704 cm²
7)	3 km² 3 m² = m²	50 km² 5 m² = m²	50000005 m²
8)	8 ha 35 m² 13 dm² = dm²	7 km² = dm²	700000000 dm²
9)	70146 a = km² ha a	90000000000 mm² = ha	9 ha
10)	8400 a = dm²	5 km² 2 m² = dm²	500000200 dm²
11)	1 km² 400 a = ha	2 ha 46 a 54 dm² = cm²	246005400 cm²
12)	8 ha 54 m² 1 cm² = mm²	1234500 cm² = a m² dm²	1 a 23 m² 45 dm²

3.6 Ping-Pong-Bogen – Flächen

Du bist **B**. Du stellst deinem Partner A die erste Aufgabe, die du auch auf deinem Zettel findest (Aufgabe für A). Daneben steht zur Kontrolle die Lösung der Aufgabe. Anschließend stellt dir dein Partner eine Aufgabe (Aufgabe für B). So geht es immer hin und her.

	Aufgabe für B	Aufgabe für A	Lösung für A
1)	7 dm² = cm²	1300 dm² = m²	13 m²
2)	1335 dm² = m² dm²	8 m² = cm²	80000 cm²
3)	75 cm² = mm²	3 km² = a	30000 a
4)	960000 m² = ha	3 m² 9 dm² = cm²	30900 cm²
5)	1234 m² = a m²	92354 cm² = m² dm² cm²	9 m² 23 dm² 54 cm²
6)	13 m² 7 dm² 4 cm² = cm²	12 m² 7 dm² 14 cm² = cm²	120714 cm²
7)	50 km² 5 m² = m²	3 km² 3 m² = m²	3000003 m²
8)	7 km² = dm²	8 ha 35 m² 13 dm² = dm²	8003513 dm²
9)	90000000000 mm² = ha	70146 a = km² ha a	7 km² 1 ha 46 a
10)	5 km² 2 m² = dm²	8400 a = dm²	84000000 dm²
11)	2 ha 46 a 54 dm² = cm²	1 km² 400 a = ha	104 ha
12)	1234500 cm² = a m² dm²	8 ha 54 m² 1 cm² = mm²	80054000100 mm²

   Jochen Sven Wild: Fit in Mathe durch Ping-Pong-Bögen · Best.-Nr. 722 © Brigg Pädagogik Verlag GmbH, Augsburg

3.7 Ping-Pong-Bogen – Volumen

Du bist **A**. Dein Partner B stellt dir eine Aufgabe, die du auch auf deinem Zettel findest (Aufgabe für A). B hat neben der Aufgabe die Lösung zum Vergleichen stehen. Anschließend stellst du deinem Partner eine Aufgabe (Aufgabe für B). In der letzten Spalte findest du zum Vergleichen die Lösung (Lösung für B). So geht es immer hin und her.

	Aufgabe für A	Aufgabe für B	Lösung für B
1)	$11000\,dm^3 = \quad m^3$	$9\,dm^3 = \quad cm^3$	$9000\,cm^3$
2)	$81\,m^3 = \quad cm^3$	$1551\,dm^3 = \quad m^3 \quad dm^3$	$1\,m^3\ 551\,dm^3$
3)	$3\,dm^3 = \quad cm^3$	$97\,cm^3 = \quad mm^3$	$97000\,mm^3$
4)	$4\,m^3\ 20\,dm^3 = \quad dm^3$	$610000\,cm^3 = \quad l$	$610\,l$
5)	$91115\,cm^3 = \quad dm^3 \quad cm^3$	$4321\,dm^3 = \quad m^3 \quad dm^3$	$4\,m^3\ 321\,dm^3$
6)	$22\,m^3\ 9\,dm^3\ 34\,cm^3 = \quad cm^3$	$130\,m^3\ 7\,dm^3\ 1\,cm^3 = \quad cm^3$	$130007001\,cm^3$
7)	$25000\,l = \quad m^3$	$50\,m^3\ 500\,cm^3 = \quad cm^3$	$50000500\,cm^3$
8)	$8\,m^3\ 30\,dm^3\ 1cm^3 = \quad cm^3$	$71\,m^3 = \quad l$	$71000\,l$
9)	$701\,m^3 = \quad l$	$40000000000\,mm^3 = \quad m^3$	$40\,m^3$
10)	$10000000\,mm^3 = \quad dm^3$	$4\,m^3\ 20\,cm^3 = \quad cm^3$	$4000020\,cm^3$
11)	$1\,m^3\ 400\,l = \quad dm^3$	$2\,cm^3\ 540\,mm^3 = \quad mm^3$	$2540\,mm^3$
12)	$8\,m^3\ 54\,dm^3\ 1mm^3 = \quad mm^3$	$1234500\,cm^3 = \quad m^3 \quad dm^3 \quad cm^3$	$1\,m^3\ 234\,dm^3\ 500\,cm^3$

3.7 Ping-Pong-Bogen – Volumen

Du bist **B**. Du stellst deinem Partner A die erste Aufgabe, die du auch auf deinem Zettel findest (Aufgabe für A). Daneben steht zur Kontrolle die Lösung der Aufgabe. Anschließend stellt dir dein Partner eine Aufgabe (Aufgabe für B). So geht es immer hin und her.

	Aufgabe für B	Aufgabe für A	Lösung für A
1)	$9\,dm^3 = \quad cm^3$	$11000\,dm^3 = \quad m^3$	$11\,m^3$
2)	$1551\,dm^3 = \quad m^3 \quad dm^3$	$81\,m^3 = \quad cm^3$	$81000000\,cm^3$
3)	$97\,cm^3 = \quad mm^3$	$3\,dm^3 = \quad cm^3$	$3000\,cm^3$
4)	$610000\,cm^3 = \quad l$	$4\,m^3\ 20\,dm^3 = \quad dm^3$	$4020\,dm^3$
5)	$4321\,dm^3 = \quad m^3 \quad dm^3$	$91115\,cm^3 = \quad dm^3 \quad cm^3$	$91\,dm^3\ 115\,cm^3$
6)	$130\,m^3\ 7\,dm^3\ 1\,cm^3 = \quad cm^3$	$22\,m^3\ 9\,dm^3\ 34\,cm^3 = \quad cm^3$	$22009034\,cm^3$
7)	$50\,m^3\ 500\,cm^3 = \quad cm^3$	$25000\,l = \quad m^3$	$25\,m^3$
8)	$71\,m^3 = \quad l$	$8\,m^3\ 30\,dm^3\ 1cm^3 = \quad cm^3$	$8030001\,cm^3$
9)	$40000000000\,mm^3 = \quad m^3$	$701\,m^3 = \quad l$	$701000\,l$
10)	$4\,m^3\ 20\,cm^3 = \quad cm^3$	$10000000\,mm^3 = \quad dm^3$	$10\,dm^3$
11)	$2\,cm^3\ 540\,mm^3 = \quad mm^3$	$1\,m^3\ 400\,l = \quad dm^3$	$1400\,dm^3$
12)	$1234500\,cm^3 = \quad m^3 \quad dm^3 \quad cm^3$	$8\,m^3\ 54\,dm^3\ 1mm^3 = \quad mm^3$	$8054000001\,mm^3$

Jochen Sven Wild: Fit in Mathe durch Ping-Pong-Bögen · Best.-Nr. 722 © Brigg Pädagogik Verlag GmbH, Augsburg

3.8 Ping-Pong-Bogen – Einheiten Mix

Du bist **A**. Dein Partner B stellt dir eine Aufgabe, die du auch auf deinem Zettel findest (Aufgabe für A). B hat neben der Aufgabe die Lösung zum Vergleichen stehen. Anschließend stellst du deinem Partner eine Aufgabe (Aufgabe für B). In der letzten Spalte findest du zum Vergleichen die Lösung (Lösung für B). So geht es immer hin und her.

	Aufgabe für A	Aufgabe für B	Lösung für B
1)	13 kg = g	71 dm² = cm²	7100 cm²
2)	8 m = cm	1335 dm = m dm	133 m 5 dm
3)	3 km² = ha	75 kg = g	75000 g
4)	4 ha 91 m² = m²	960000 dm³ = m³	960 m³
5)	92354 cm³ = dm³ cm³	1234 g = kg g	1 kg 234 g
6)	12 h = min	13 m³ 71 dm³ 4 cm³ = cm³	13071004 cm³
7)	3 t 31 kg = g	50 km 50 m = m	50050 m
8)	7 m³ 35 dm³ 13 cm³ = cm³	7 kg 11 mg = mg	7000011 mg
9)	71046 dm = km m dm	11000000 m² = ha	1100 ha
10)	8400 s = h min s	5 h 2 min = min	302 min
11)	3 km² 40 m² = dm²	3 km 46 m 4 cm = cm	304604 cm
12)	1 h 54 min 1 s = s	3 d 3 min = min	4323 min

3.8 Ping-Pong-Bogen – Einheiten Mix

Du bist **B**. Du stellst deinem Partner A die erste Aufgabe, die du auch auf deinem Zettel findest (Aufgabe für A). Daneben steht zur Kontrolle die Lösung der Aufgabe. Anschließend stellt dir dein Partner eine Aufgabe (Aufgabe für B). So geht es immer hin und her.

	Aufgabe für B	Aufgabe für A	Lösung für A
1)	71 dm² = cm²	13 kg = g	13000 g
2)	1335 dm = m dm	8 m = cm	800 cm
3)	75 kg = g	3 km² = ha	300 ha
4)	960000 dm³ = m³	4 ha 91 m² = m²	40091 m²
5)	1234 g = kg g	92354 cm³ = dm³ cm³	92 dm³ 354 cm³
6)	13 m³ 71 dm³ 4 cm³ = cm³	12 h = min	720 min
7)	50 km 50 m = m	3 t 31 kg = g	3031000 g
8)	7 kg 11 mg = mg	7 m³ 35 dm³ 13 cm³ = cm³	7035013 cm³
9)	11000000 m² = ha	71046 dm = km m dm	7 km 104 m 6 dm
10)	5 h 2 min = min	8400 s = h min s	2 h 20 min 0 s
11)	3 km 46 m 4 cm = cm	3 km² 40 m² = dm²	300004000 dm²
12)	3 d 3 min = min	1 h 54 min 1 s = s	6841 s

Jochen Sven Wild: Fit in Mathe durch Ping-Pong-Bögen · Best.-Nr. 722 © Brigg Pädagogik Verlag GmbH, Augsburg

3.9 Ping-Pong-Bogen – Umfang von Rechtecken

Du bist **A**. Dein Partner B stellt dir eine Aufgabe, die du auch auf deinem Zettel findest (Aufgabe für A). B hat neben der Aufgabe die Lösung zum Vergleichen stehen. Anschließend stellst du deinem Partner eine Aufgabe (Aufgabe für B). In der letzten Spalte findest du zum Vergleichen die Lösung (Lösung für B). So geht es immer hin und her.

	Aufgabe für A	Aufgabe für B	Lösung für B
1)	a = 4 cm, b = 6 cm, U =	a = 4 cm, b = 9 cm, U =	U = 26 cm
2)	a = 15 m, b = 6 m, U =	a = 29 m, b = 5 m, U =	U = 68 m
3)	a = 17 mm, b = 39 mm, U =	a = 26 cm, b = 28 cm, U =	U = 108 cm
4)	a = 12 m, U = 60 m, b =	b = 11 dm, U = 54 dm, a =	a = 16 dm
5)	b = 11 mm, U = 70 mm, a =	a = 17 m, U = 128 m, b =	b = 47 m
6)	a = 44 m, b = 21 m, U =	a = 43 m, b = 21 m, U =	U = 128 m
7)	b = 31 m, U = 156 m, a =	a = 26 m, U = 176 m, b =	b = 62 m
8)	a = 24 mm, b = 3 cm, U =	a = 3 m, b = 11 dm, U =	U = 82 dm
9)	a = 3 dm, b = 3 cm, U =	a = 9 cm, b = 3 dm, U =	U = 78 cm
10)	b = 6 cm, U = 172 mm, a =	a = 4 dm, U = 152 cm, b =	b = 36 cm
11)	a = 13 dm, U = 564 cm, b =	a = 14 cm, U = 396 mm, b =	b = 58 mm
12)	a = 79 cm, b = 12 dm, U =	a = 87 mm, b = 21 cm, U =	U = 594 mm

 -

3.9 Ping-Pong-Bogen – Umfang von Rechtecken

Du bist **B**. Du stellst deinem Partner A die erste Aufgabe, die du auch auf deinem Zettel findest (Aufgabe für A). Daneben steht zur Kontrolle die Lösung der Aufgabe. Anschließend stellt dir dein Partner eine Aufgabe (Aufgabe für B). So geht es immer hin und her.

	Aufgabe für B	Aufgabe für A	Lösung für A
1)	a = 4 cm, b = 9 cm, U =	a = 4 cm, b = 6 cm, U =	U = 20 cm
2)	a = 29 m, b = 5 m, U =	a = 15 m, b = 6 m, U =	U = 42 m
3)	a = 26 cm, b = 28 cm, U =	a = 17 mm, b = 39 mm, U =	U = 112 mm
4)	b = 11 dm, U = 54 dm, a =	a = 12 m, U = 60 m, b =	b = 18 m
5)	a = 17 m, U = 128 m, b =	b = 11 mm, U = 70 mm, a =	a = 24 mm
6)	a = 43 m, b = 21 m, U =	a = 44 m, b = 21 m, U =	U = 130 m
7)	a = 26 m, U = 176 m, b =	b = 31 m, U = 156 m, a =	a = 47 m
8)	a = 3 m, b = 11 dm, U =	a = 24 mm, b = 3 cm, U =	U = 108 mm
9)	a = 9 cm, b = 3 dm, U =	a = 3 dm, b = 3 cm, U =	U = 66 cm
10)	a = 4 dm, U = 152 cm, b =	b = 6 cm, U = 172 mm, a =	a = 26 mm
11)	a = 14 cm, U = 396 mm, b =	a = 13 dm, U = 564 cm, b =	b = 152 cm
12)	a = 87 mm, b = 21 cm, U =	a = 79 cm, b = 12 dm, U =	U = 398 cm

3.10 Ping-Pong-Bogen – Flächeninhalt von Rechtecken

Du bist **A**. Dein Partner B stellt dir eine Aufgabe, die du auch auf deinem Zettel findest (Aufgabe für A). B hat neben der Aufgabe die Lösung zum Vergleichen stehen. Anschließend stellst du deinem Partner eine Aufgabe (Aufgabe für B). In der letzten Spalte findest du zum Vergleichen die Lösung (Lösung für B). So geht es immer hin und her.

	Aufgabe für A	Aufgabe für B	Lösung für B
1)	a = 5 cm, b = 6 cm, A =	a = 4 cm, b = 8 cm, A =	A = 32 cm²
2)	a = 12 m, b = 6 m, A =	a = 19 m, b = 5 m, A =	A = 95 m²
3)	a = 17 mm, b = 19 mm, A =	a = 16 cm, b = 18 cm, A =	A = 288 cm²
4)	a = 12 m, A = 144 m², b =	b = 11 dm, A = 154 dm², a =	a = 14 dm
5)	b = 11 mm, A = 209 mm², a =	a = 17 m, A = 289 m², b =	b = 17 m
6)	a = 34 m, b = 12 m, A =	a = 43 m, b = 21 m, A =	A = 903 m²
7)	b = 13 m, A = 156 m², a =	a = 16 m, A = 176 m², b =	b = 11 m
8)	a = 14 mm, b = 2 cm, A =	a = 3 m, b = 11 dm, A =	A = 330 dm²
9)	a = 2 dm, b = 3 cm, A =	a = 6 cm, b = 3 dm, A =	A = 180 cm²
10)	b = 6 cm, A = 720 mm², a =	a = 4 dm, A = 520 cm², b =	b = 13 cm
11)	a = 13 dm, A = 1560 cm², b =	a = 14 cm, A = 1960 mm², b =	b = 14 mm
12)	a = 79 cm, b = 12 dm, A =	a = 87 mm, b = 21 cm, A =	A = 18270 mm²

 -

3.10 Ping-Pong-Bogen – Flächeninhalt von Rechtecken

Du bist **B**. Du stellst deinem Partner A die erste Aufgabe, die du auch auf deinem Zettel findest (Aufgabe für A). Daneben steht zur Kontrolle die Lösung der Aufgabe. Anschließend stellt dir dein Partner eine Aufgabe (Aufgabe für B). So geht es immer hin und her.

	Aufgabe für B	Aufgabe für A	Lösung für A
1)	a = 4 cm, b = 8 cm, A =	a = 5 cm, b = 6 cm, A =	A = 30 cm²
2)	a = 19 m, b = 5 m, A =	a = 12 m, b = 6 m, A =	A = 72 m²
3)	a = 16 cm, b = 18 cm, A =	a = 17 mm, b = 19 mm, A =	A = 323 mm²
4)	b = 11 dm, A = 154 dm², a =	a = 12 m, A = 144 m², b =	b = 12 m
5)	a = 17 m, A = 289 m², b =	b = 11 mm, A = 209 mm², a =	a = 19 mm
6)	a = 43 m, b = 21 m, A =	a = 34 m, b = 12 m, A =	A = 408 m²
7)	a = 16 m, A = 176 m², b =	b = 13 m, A = 156 m², a =	a = 12 m
8)	a = 3 m, b = 11 dm, A =	a = 14 mm, b = 2 cm, A =	A = 280 mm²
9)	a = 6 cm, b = 3 dm, A =	a = 2 dm, b = 3 cm, A =	A = 60 cm²
10)	a = 4 dm, A = 520 cm², b =	b = 6 cm, A = 720 mm², a =	a = 12 mm
11)	a = 14 cm, A = 1960 mm², b =	a = 13 dm, A = 1560 cm², b =	b = 12 cm
12)	a = 87 mm, b = 21 cm, A =	a = 79 cm, b = 12 dm, A =	A = 9480 cm²

Jochen Sven Wild: Fit in Mathe durch Ping-Pong-Bögen · Best.-Nr. 722 © Brigg Pädagogik Verlag GmbH, Augsburg

3.11 Ping-Pong-Bogen – Rauminhalte von Quadern

Du bist **A**. Dein Partner B stellt dir eine Aufgabe, die du auch auf deinem Zettel findest (Aufgabe für A). B hat neben der Aufgabe die Lösung zum Vergleichen stehen. Anschließend stellst du deinem Partner eine Aufgabe (Aufgabe für B). In der letzten Spalte findest du zum Vergleichen die Lösung (Lösung für B). So geht es immer hin und her.

	Aufgabe für A	Aufgabe für B	Lösung für B
1)	a = 5 cm, b = 4 cm, c = 9 cm, V =	a = 4 cm, b = 8 cm, c = 2 cm, V =	V = 64 cm³
2)	a = 11 m, b = 7 m, c = 2 m; V =	a = 19 m, b = 5 m, c = 4 m, V =	V = 380 m³
3)	a = 10 mm, b = 19 mm, c = 3 mm, V =	a = 16 cm, b = 10 cm, c = 6 cm, V =	V = 960 cm³
4)	a = 10 m, b = 2 m, V = 100 m³, c =	b = 11 dm, c = 2 dm, V = 154 dm³, a =	a = 7 dm
5)	b = 3 mm; c = 12 mm, V = 144 mm³, a =	a = 16 m, b = 2 m, V = 256 m³, c =	c = 8 m
6)	a = 8 m, b = 9 m, c = 10 m, V =	a = 10 m, b = 11 m, c = 12 m, V =	V = 1320 m³
7)	a = 13 m, c = 4 m, V = 156 m³, b =	a = 5 mm, b = 7 mm, V = 2100 mm³, c =	c = 60 mm
8)	a = 14 mm, b = 2 cm, c = 3 cm, V =	a = 3 m, b = 11 dm, c = 2 m, V =	V = 6600 dm³
9)	a = 2 dm, b = 3 cm, c = 5 cm, V =	a = 6 cm, b = 3 dm, c = 12 cm, V =	V = 2160 cm³
10)	b = 6 cm, c = 6 mm, V = 720 mm³, a =	a = 4 dm, c = 4 cm, V = 640 cm³, b =	b = 4 cm
11)	a = 13 dm, c = 4 cm, V = 1560 cm³, b =	a = 14 cm, b = 2 mm, V = 1960 mm³, c =	c = 7 mm
12)	a = 15 cm, b = 12 dm, c = 3 m, V =	a = 12 mm, b = 21 cm, c = 5 dm, V =	V = 1260000 mm³

3.11 Ping-Pong-Bogen – Rauminhalte von Quadern

Du bist **B**. Du stellst deinem Partner A die erste Aufgabe, die du auch auf deinem Zettel findest (Aufgabe für A). Daneben steht zur Kontrolle die Lösung der Aufgabe. Anschließend stellt dir dein Partner eine Aufgabe (Aufgabe für B). So geht es immer hin und her.

	Aufgabe für B	Aufgabe für A	Lösung für A
1)	a = 4 cm, b = 8 cm, c = 2 cm, V =	a = 5 cm, b = 4 cm, c = 9 cm, V =	V = 180 cm³
2)	a = 19 m, b = 5 m, c = 4 m, V =	a = 11 m, b = 7 m, c = 2 m; V =	V = 154 m³
3)	a = 16 cm, b = 10 cm, c = 6 cm, V =	a = 10 mm, b = 19 mm, c = 3 mm, V =	V = 570 mm³
4)	b = 11 dm, c = 2 dm, V = 154 dm³, a =	a = 10 m, b = 2 m, V = 100 m³, c =	c = 5 m
5)	a = 16 m, b = 2 m, V = 256 m³, c =	b = 3 mm; c = 12 mm, V = 144 mm³, a =	a = 4 mm
6)	a = 10 m, b = 11 m, c = 12 m, V =	a = 8 m, b = 9 m, c = 10 m, V =	V = 720 m³
7)	a = 5 mm, b = 7 mm, V = 2100 mm³, c =	a = 13 m, c = 4 m, V = 156 m³, b =	b = 3 m
8)	a = 3 m, b = 11 dm, c = 2 m, V =	a = 14 mm, b = 2 cm, c = 3 cm, V =	V = 8400 mm³
9)	a = 6 cm, b = 3 dm, c = 12 cm, V =	a = 2 dm, b = 3 cm, c = 5 cm, V =	V = 300 cm³
10)	a = 4 dm, c = 4 cm, V = 640 cm³, b =	b = 6 cm, c = 6 mm, V = 720 mm³, a =	a = 2 mm
11)	a = 14 cm, b = 2 mm, V = 1960 mm³, c =	a = 13 dm, c = 4 cm, V = 1560 cm³, b =	b = 3 cm
12)	a = 12 mm, b = 21 cm, c = 5 dm, V =	a = 15 cm, b = 12 dm, c = 3 m, V =	V = 540000 cm³

4.1 Ping-Pong-Bogen – Punkte im Koordinatensystem

Du bist **A**. Dein Partner B stellt dir eine Aufgabe, die du auch auf deinem Zettel findest (Aufgabe für A). B hat neben der Aufgabe die Lösung zum Vergleichen stehen. Anschließend stellst du deinem Partner eine Aufgabe (Aufgabe für B). In der letzten Spalte findest du zum Vergleichen die Lösung (Lösung für B). So geht es immer hin und her.

Aufgabe für A	Aufgabe für B	Lösung für B
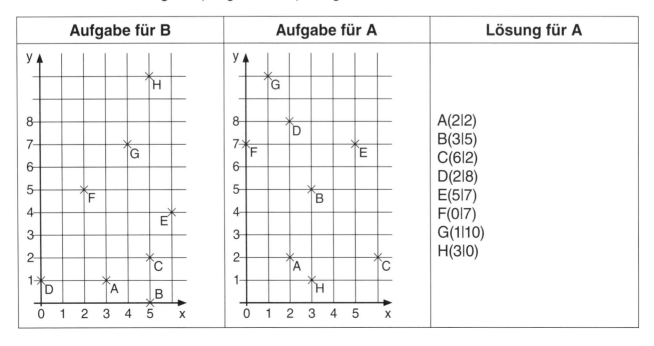		A(3|1) B(5|0) C(5|2) D(0|1) E(6|4) F(2|5) G(4|7) H(5|10)

4.1 Ping-Pong-Bogen – Punkte im Koordinatensystem

Du bist **B**. Du stellst deinem Partner A die erste Aufgabe, die du auch auf deinem Zettel findest (Aufgabe für A). Daneben steht zur Kontrolle die Lösung der Aufgabe. Anschließend stellt dir dein Partner eine Aufgabe (Aufgabe für B). So geht es immer hin und her.

Aufgabe für B	Aufgabe für A	Lösung für A
		A(2|2) B(3|5) C(6|2) D(2|8) E(5|7) F(0|7) G(1|10) H(3|0)

Jochen Sven Wild: Fit in Mathe durch Ping-Pong-Bögen · Best.-Nr. 722 © Brigg Pädagogik Verlag GmbH, Augsburg

5.1 Ping-Pong-Bogen – Teilermengen

Du bist **A**. Dein Partner B stellt dir eine Aufgabe, die du auch auf deinem Zettel findest (Aufgabe für A). B hat neben der Aufgabe die Lösung zum Vergleichen stehen. Anschließend stellst du deinem Partner eine Aufgabe (Aufgabe für B). In der letzten Spalte findest du zum Vergleichen die Lösung (Lösung für B). So geht es immer hin und her.

	Aufgabe für A	Aufgabe für B	Lösung für B
1)	$T_6 =$	$T_9 =$	$T_9 = \{1;3;9\}$
2)	$T_8 =$	$T_{19} =$	$T_{19} = \{1;19\}$
3)	$T_{10} =$	$T_{15} =$	$T_{15} = \{1;3;5;15\}$
4)	$T_{24} =$	$T_{20} =$	$T_{20} = \{1;2;4;5;10;20\}$
5)	$T_{17} =$	$T_{18} =$	$T_{18} = \{1;2;3;6;9;18\}$
6)	$T_{25} =$	$T_{16} =$	$T_{16} = \{1;2;4;8;16\}$
7)	$T_{30} =$	$T_{27} =$	$T_{27} = \{1;3;9;27\}$
8)	$T_{28} =$	$T_{32} =$	$T_{32} = \{1;2;4;8;16;32\}$
9)	$T_{42} =$	$T_{36} =$	$T_{36} = \{1;2;3;4;6;9;12;18;36\}$
10)	$T_{49} =$	$T_{48} =$	$T_{48} = \{1;2;3;4;6;8;12;16;24;48\}$
11)	$T_{60} =$	$T_{70} =$	$T_{70} = \{1;2;5;7;10;14;35;70\}$
12)	$T_{80} =$	$T_{100} =$	$T_{100} = \{1;2;4;5;10;20;25;50;100\}$

5.1 Ping-Pong-Bogen – Teilermengen

Du bist **B**. Du stellst deinem Partner A die erste Aufgabe, die du auch auf deinem Zettel findest (Aufgabe für A). Daneben steht zur Kontrolle die Lösung der Aufgabe. Anschließend stellt dir dein Partner eine Aufgabe (Aufgabe für B). So geht es immer hin und her.

	Aufgabe für B	Aufgabe für A	Lösung für A
1)	$T_9 =$	$T_6 =$	$T_6 = \{1;2;3;6\}$
2)	$T_{19} =$	$T_8 =$	$T_8 = \{1;2;4;8\}$
3)	$T_{15} =$	$T_{10} =$	$T_{10} = \{1;2;5;10\}$
4)	$T_{20} =$	$T_{24} =$	$T_{24} = \{1;2;3;4;6;8;12;24\}$
5)	$T_{18} =$	$T_{17} =$	$T_{17} = \{1;17\}$
6)	$T_{16} =$	$T_{25} =$	$T_{25} = \{1;5;25\}$
7)	$T_{27} =$	$T_{30} =$	$T_{30} = \{1;2;3;5;6;10;15;30\}$
8)	$T_{32} =$	$T_{28} =$	$T_{28} = \{1;2;4;7;14;28\}$
9)	$T_{36} =$	$T_{42} =$	$T_{42} = \{1;2;3;6;7;14;21;42\}$
10)	$T_{48} =$	$T_{49} =$	$T_{49} = \{1;7;49\}$
11)	$T_{70} =$	$T_{60} =$	$T_{60} = \{1;2;3;4;5;6;10;12;15;20;30;60\}$
12)	$T_{100} =$	$T_{80} =$	$T_{80} = \{1;2;4;5;8;10;16;20;40;80\}$

5.2 Ping-Pong-Bogen – Vielfachenmengen

Du bist **A**. Dein Partner B stellt dir eine Aufgabe, die du auch auf deinem Zettel findest (Aufgabe für A). B hat neben der Aufgabe die Lösung zum Vergleichen stehen. Anschließend stellst du deinem Partner eine Aufgabe (Aufgabe für B). In der letzten Spalte findest du zum Vergleichen die Lösung (Lösung für B). So geht es immer hin und her.

	Aufgabe für A	Aufgabe für B	Lösung für B
1)	$V_9 =$	$V_8 =$	$V_8 = \{8;16;24;32;40;...\}$
2)	$V_{12} =$	$V_{14} =$	$V_{14} = \{14;28;42;56;70;...\}$
3)	$V_{15} =$	$V_{16} =$	$V_{16} = \{16;32;48;64;80;...\}$
4)	$V_{18} =$	$V_{19} =$	$V_{19} = \{19;38;57;76;95;...\}$
5)	$V_{21} =$	$V_{23} =$	$V_{23} = \{23;46;69;92;115;...\}$
6)	$V_{25} =$	$V_{26} =$	$V_{26} = \{26;52;78;104;130;...\}$
7)	$V_{28} =$	$V_{32} =$	$V_{32} = \{32;64;96;128;160;...\}$
8)	$V_{34} =$	$V_{35} =$	$V_{35} = \{35;70;105;140;175;...\}$
9)	$V_{37} =$	$V_{39} =$	$V_{39} = \{39;78;117;156;195;...\}$
10)	$V_{41} =$	$V_{43} =$	$V_{43} = \{43;86;129;172;215;...\}$
11)	$V_{47} =$	$V_{48} =$	$V_{48} = \{48;96;144;192;240;...\}$
12)	$V_{53} =$	$V_{61} =$	$V_{61} = \{61;122;183;244;305;...\}$

5.2 Ping-Pong-Bogen – Vielfachenmengen

Du bist **B**. Du stellst deinem Partner A die erste Aufgabe, die du auch auf deinem Zettel findest (Aufgabe für A). Daneben steht zur Kontrolle die Lösung der Aufgabe. Anschließend stellt dir dein Partner eine Aufgabe (Aufgabe für B). So geht es immer hin und her.

	Aufgabe für B	Aufgabe für A	Lösung für A
1)	$V_8 =$	$V_9 =$	$V_9 = \{9;18;27;36;45;...\}$
2)	$V_{14} =$	$V_{12} =$	$V_{12} = \{12;24;36;48;60;...\}$
3)	$V_{16} =$	$V_{15} =$	$V_{15} = \{15;30;45;60;75;...\}$
4)	$V_{19} =$	$V_{18} =$	$V_{18} = \{18;36;54;72;90;...\}$
5)	$V_{23} =$	$V_{21} =$	$V_{21} = \{21;42;63;84;105;...\}$
6)	$V_{26} =$	$V_{25} =$	$V_{25} = \{25;50;75;100;125;...\}$
7)	$V_{32} =$	$V_{28} =$	$V_{28} = \{28;56;84;112;140;...\}$
8)	$V_{35} =$	$V_{34} =$	$V_{34} = \{34;68;102;136;170;...\}$
9)	$V_{39} =$	$V_{37} =$	$V_{37} = \{37;74;111;148;185;...\}$
10)	$V_{43} =$	$V_{41} =$	$V_{41} = \{41;82;123;164;205;...\}$
11)	$V_{48} =$	$V_{47} =$	$V_{47} = \{47;94;141;188;235;...\}$
12)	$V_{61} =$	$V_{53} =$	$V_{53} = \{53;106;159;212;265;...\}$

Jochen Sven Wild: Fit in Mathe durch Ping-Pong-Bögen · Best.-Nr. 722 © Brigg Pädagogik Verlag GmbH, Augsburg

5.3 Ping-Pong-Bogen – Größter gemeinsamer Teiler (ggT)

Du bist **A**. Dein Partner B stellt dir eine Aufgabe, die du auch auf deinem Zettel findest (Aufgabe für A). B hat neben der Aufgabe die Lösung zum Vergleichen stehen. Anschließend stellst du deinem Partner eine Aufgabe (Aufgabe für B). In der letzten Spalte findest du zum Vergleichen die Lösung (Lösung für B). So geht es immer hin und her.

	Aufgabe für A	Aufgabe für B	Lösung für B
1)	ggT(30; 6) =	ggT(9;3 9) =	3
2)	ggT(9; 9) =	ggT(2; 7) =	1
3)	ggT(24;3 2) =	ggT(45;20) =	5
4)	ggT(9; 5) =	ggT(24;1 8) =	6
5)	ggT(9;3 3) =	ggT(35;6 3) =	7
6)	ggT(15;3 5) =	ggT(15;6 5) =	5
7)	ggT(96;5 6) =	ggT(48;1 6) =	16
8)	ggT(44;4 8) =	ggT(48;3 2) =	16
9)	ggT(70;80) =	ggT(49;49) =	49
10)	ggT(56;2 4) =	ggT(8;10 4) =	8
11)	ggT(27;3 6) =	ggT(26;12) =	2
12)	ggT(54;7 2) =	ggT(27;17) =	1

5.3 Ping-Pong-Bogen – Größter gemeinsamer Teiler (ggT)

Du bist **B**. Du stellst deinem Partner A die erste Aufgabe, die du auch auf deinem Zettel findest (Aufgabe für A). Daneben steht zur Kontrolle die Lösung der Aufgabe. Anschließend stellt dir dein Partner eine Aufgabe (Aufgabe für B). So geht es immer hin und her.

	Aufgabe für B	Aufgabe für A	Lösung für A
1)	ggT(9;3 9) =	ggT(30; 6) =	6
2)	ggT(2; 7) =	ggT(9; 9) =	9
3)	ggT(45;20) =	ggT(24;3 2) =	8
4)	ggT(24;1 8) =	ggT(9; 5) =	1
5)	ggT(35;6 3) =	ggT(9;3 3) =	3
6)	ggT(15;6 5) =	ggT(15;3 5) =	5
7)	ggT(48;1 6) =	ggT(96;5 6) =	8
8)	ggT(48;3 2) =	ggT(44;4 8) =	4
9)	ggT(49;49) =	ggT(70;80) =	10
10)	ggT(8;10 4) =	ggT(56;2 4) =	8
11)	ggT(26;12) =	ggT(27;3 6) =	9
12)	ggT(27;17) =	ggT(54;7 2) =	18

Jochen Sven Wild: Fit in Mathe durch Ping-Pong-Bögen · Best.-Nr. 722 © Brigg Pädagogik Verlag GmbH, Augsburg

5.4 Ping-Pong-Bogen – Kleinstes gemeinsames Vielfaches (kgV)

Du bist **A**. Dein Partner B stellt dir eine Aufgabe, die du auch auf deinem Zettel findest (Aufgabe für A). B hat neben der Aufgabe die Lösung zum Vergleichen stehen. Anschließend stellst du deinem Partner eine Aufgabe (Aufgabe für B). In der letzten Spalte findest du zum Vergleichen die Lösung (Lösung für B). So geht es immer hin und her.

	Aufgabe für A	Aufgabe für B	Lösung für B
1)	kgV (1;13) =	kgV (20;2) =	20
2)	kgV (4;6) =	kgV (15;15) =	15
3)	kgV (12;12) =	kgV (2;3) =	6
4)	kgV (16;24) =	kgV (1;18) =	18
5)	kgV (4;16) =	kgV (16;12) =	48
6)	kgV (22;4) =	kgV (3;10) =	30
7)	kgV (15;40) =	kgV (9;36) =	36
8)	kgV (45;10) =	kgV (20;16) =	80
9)	kgV (8;6) =	kgV (3;8) =	24
10)	kgV (6;15) =	kgV (30;45) =	90
11)	kgV (7;10) =	kgV (15;12) =	60
12)	kgV (25;65) =	kgV (8;18) =	72

5.4 Ping-Pong-Bogen – Kleinstes gemeinsames Vielfaches (kgV)

Du bist **B**. Du stellst deinem Partner A die erste Aufgabe, die du auch auf deinem Zettel findest (Aufgabe für A). Daneben steht zur Kontrolle die Lösung der Aufgabe. Anschließend stellt dir dein Partner eine Aufgabe (Aufgabe für B). So geht es immer hin und her.

	Aufgabe für B	Aufgabe für A	Lösung für A
1)	kgV (20;2) =	kgV (1;13) =	13
2)	kgV (15;15) =	kgV (4;6) =	12
3)	kgV (2;3) =	kgV (12;12) =	12
4)	kgV (1;18) =	kgV (16;24) =	48
5)	kgV (16;12) =	kgV (4;16) =	16
6)	kgV (3;10) =	kgV (22;4) =	44
7)	kgV (9;36) =	kgV (15;40) =	120
8)	kgV (20;16) =	kgV (45;10) =	90
9)	kgV (3;8) =	kgV (8;6) =	24
10)	kgV (30;45) =	kgV (6;15) =	30
11)	kgV (15;12) =	kgV (7;10) =	70
12)	kgV (8;18) =	kgV (25;65) =	325

Jochen Sven Wild: Fit in Mathe durch Ping-Pong-Bögen · Best.-Nr. 722 © Brigg Pädagogik Verlag GmbH, Augsburg

5.5 Ping-Pong-Bogen – Größter gemeinsamer Teiler (ggT) und kleinstes gemeinsames Vielfaches (kgV)

Du bist **A**. Dein Partner B stellt dir eine Aufgabe, die du auch auf deinem Zettel findest (Aufgabe für A). B hat neben der Aufgabe die Lösung zum Vergleichen stehen. Anschließend stellst du deinem Partner eine Aufgabe (Aufgabe für B). In der letzten Spalte findest du zum Vergleichen die Lösung (Lösung für B). So geht es immer hin und her.

	Aufgabe für A	Aufgabe für B	Lösung für B
1)	ggT (12;18) =	kgV (12;18) =	36
2)	kgV (1;12) =	ggT (1;12) =	1
3)	ggT (15;15) =	kgV (15;15) =	15
4)	kgV (2;20) =	ggT (8;20) =	4
5)	ggT (15;50) =	kgV (9;12) =	36
6)	kgV (60;90) =	ggT (24;30) =	6
7)	ggT (20;30) =	kgV (20;30) =	60
8)	kgV (18;24) =	ggT (60;90) =	30
9)	ggT (24;25) =	kgV (15;17) =	255
10)	kgV (24;30) =	ggT (28;84) =	28
11)	ggT (52;56) =	kgV (36;16) =	144
12)	kgV (17;12) =	ggT (19;21) =	1

5.5 Ping-Pong-Bogen – Größter gemeinsamer Teiler (ggT) und kleinstes gemeinsames Vielfaches (kgV)

Du bist **B**. Du stellst deinem Partner A die erste Aufgabe, die du auch auf deinem Zettel findest (Aufgabe für A). Daneben steht zur Kontrolle die Lösung der Aufgabe. Anschließend stellt dir dein Partner eine Aufgabe (Aufgabe für B). So geht es immer hin und her.

	Aufgabe für B	Aufgabe für A	Lösung für A
1)	kgV (12;18) =	ggT (12;18) =	6
2)	ggT (1;12) =	kgV (1;12) =	12
3)	kgV (15;15) =	ggT (15;15) =	15
4)	ggT (8;20) =	kgV (2;20) =	20
5)	kgV (9;12) =	ggT (15;50) =	5
6)	ggT (24;30) =	kgV (60;90) =	180
7)	kgV (20;30) =	ggT (20;30) =	10
8)	ggT (60;90) =	kgV (18;24) =	72
9)	kgV (15;17) =	ggT (24;25) =	1
10)	ggT (28;84) =	kgV (24;30) =	120
11)	kgV (36;16) =	ggT (52;56) =	4
12)	ggT (19;21) =	kgV (17;12) =	204

Jochen Sven Wild: Fit in Mathe durch Ping-Pong-Bögen · Best.-Nr. 722 © Brigg Pädagogik Verlag GmbH, Augsburg

5.6 Ping-Pong-Bogen – Primfaktorzerlegung

Du bist **A**. Dein Partner B stellt dir eine Aufgabe, die du auch auf deinem Zettel findest (Aufgabe für A). B hat neben der Aufgabe die Lösung zum Vergleichen stehen. Anschließend stellst du deinem Partner eine Aufgabe (Aufgabe für B). In der letzten Spalte findest du zum Vergleichen die Lösung (Lösung für B). So geht es immer hin und her.

	Aufgabe für A	Aufgabe für B	Lösung für B
1)	12 =	15 =	$3 \cdot 5$
2)	9 =	13 =	13
3)	7 =	8 =	$2 \cdot 2 \cdot 2 = 2^3$
4)	20 =	28 =	$2 \cdot 2 \cdot 7 = 2^2 \cdot 7$
5)	25 =	30 =	$2 \cdot 3 \cdot 5$
6)	36 =	32 =	$2 \cdot 2 \cdot 2 \cdot 2 \cdot 2 = 2^5$
7)	48 =	42 =	$2 \cdot 3 \cdot 7$
8)	64 =	52 =	$2 \cdot 2 \cdot 13 = 2^2 \cdot 13$
9)	99 =	100 =	$2 \cdot 2 \cdot 5 \cdot 5 = 2^2 \cdot 5^2$
10)	130 =	125 =	$5 \cdot 5 \cdot 5 = 5^3$
11)	150 =	144 =	$2 \cdot 2 \cdot 2 \cdot 2 \cdot 3 \cdot 3 = 2^4 \cdot 3^2$
12)	200 =	180 =	$2 \cdot 2 \cdot 3 \cdot 3 \cdot 5 = 2^2 \cdot 3^2 \cdot 5$

5.6 Ping-Pong-Bogen – Primfaktorzerlegung

Du bist **B**. Du stellst deinem Partner A die erste Aufgabe, die du auch auf deinem Zettel findest (Aufgabe für A). Daneben steht zur Kontrolle die Lösung der Aufgabe. Anschließend stellt dir dein Partner eine Aufgabe (Aufgabe für B). So geht es immer hin und her.

	Aufgabe für B	Aufgabe für A	Lösung für A
1)	15 =	12 =	$2 \cdot 2 \cdot 3 = 2^2 \cdot 3$
2)	13 =	9 =	$3 \cdot 3 = 3^2$
3)	8 =	7 =	7
4)	28 =	20 =	$2 \cdot 2 \cdot 5 = 2^2 \cdot 5$
5)	30 =	25 =	$5 \cdot 5 = 5^2$
6)	32 =	36 =	$2 \cdot 2 \cdot 3 \cdot 3 = 2^2 \cdot 3^2$
7)	42 =	48 =	$2 \cdot 2 \cdot 2 \cdot 2 \cdot 3 = 2^4 \cdot 3$
8)	52 =	64 =	$2 \cdot 2 \cdot 2 \cdot 2 \cdot 2 \cdot 2 = 2^6$
9)	100 =	99 =	$3 \cdot 3 \cdot 11$
10)	125 =	130 =	$2 \cdot 5 \cdot 13$
11)	144 =	150 =	$2 \cdot 3 \cdot 5 \cdot 5 = 2 \cdot 3 \cdot 5^2$
12)	180 =	200 =	$2 \cdot 2 \cdot 2 \cdot 5 \cdot 5 = 2^3 \cdot 5^2$

Jochen Sven Wild: Fit in Mathe durch Ping-Pong-Bögen · Best.-Nr. 722 © Brigg Pädagogik Verlag GmbH, Augsburg

6.1 Ping-Pong-Bogen – Bruchteile

Du bist **A**. Dein Partner B stellt dir eine Aufgabe, die du auch auf deinem Zettel findest (Aufgabe für A). B hat neben der Aufgabe die Lösung zum Vergleichen stehen. Anschließend stellst du deinem Partner eine Aufgabe (Aufgabe für B). In der letzten Spalte findest du zum Vergleichen die Lösung (Lösung für B). So geht es immer hin und her.

Aufgabe für A	Aufgabe für B	Lösung für B
1) 2) 3) 3) 5) 6) 7) 8)	1) 2) 3) 4) 5) 6) 7) 8)	1) $\frac{1}{4}$ 2) $\frac{1}{2}$ 3) $\frac{2}{3}$ 4) $\frac{1}{5}$ 5) $\frac{4}{5}$ 6) $\frac{9}{10}$ 2) $\frac{7}{12}$ 8) $\frac{5}{8}$

6.1 Ping-Pong-Bogen – Bruchteile

Du bist **B**. Du stellst deinem Partner A die erste Aufgabe, die du auch auf deinem Zettel findest (Aufgabe für A). Daneben steht zur Kontrolle die Lösung der Aufgabe. Anschließend stellt dir dein Partner eine Aufgabe (Aufgabe für B). So geht es immer hin und her.

Aufgabe für B	Aufgabe für A	Lösung für A
1) 2) 3) 4) 5) 6) 7) 8)	1) 2) 3) 3) 5) 6) 7) 8)	1) $\frac{1}{2}$ 2) $\frac{3}{8}$ 3) $\frac{11}{12}$ 4) $\frac{3}{5}$ 5) $\frac{3}{5}$ 6) $\frac{5}{8}$ 2) $\frac{3}{4}$ 8) $\frac{3}{10}$

6.2 Ping-Pong-Bogen – Brüche auf dem Zahlenstrahl

Du bist **A**. Dein Partner B stellt dir eine Aufgabe, die du auch auf deinem Zettel findest (Aufgabe für A). B hat neben der Aufgabe die Lösung zum Vergleichen stehen. Anschließend stellst du deinem Partner eine Aufgabe (Aufgabe für B). In der letzten Spalte findest du zum Vergleichen die Lösung (Lösung für B). So geht es immer hin und her.

	Aufgabe für A	Aufgabe für B	Lösung für B
1)			$\dfrac{2}{3}$
2)			$\dfrac{3}{10}$
3)			$1\dfrac{3}{8}$
4)			$1\dfrac{1}{2}$
5)			$4\dfrac{5}{7}$
6)			$1\dfrac{2}{3}$

6.2 Ping-Pong-Bogen – Brüche auf dem Zahlenstrahl

Du bist **B**. Du stellst deinem Partner A die erste Aufgabe, die du auch auf deinem Zettel findest (Aufgabe für A). Daneben steht zur Kontrolle die Lösung der Aufgabe. Anschließend stellt dir dein Partner eine Aufgabe (Aufgabe für B). So geht es immer hin und her.

	Aufgabe für B	Aufgabe für A	Lösung für A
1)			$\dfrac{3}{4}$
2)			$\dfrac{8}{10}$
3)			$1\dfrac{3}{5}$
4)			$2\dfrac{1}{3}$
5)			$5\dfrac{1}{8}$
6)			$\dfrac{4}{1}$

Jochen Sven Wild: Fit in Mathe durch Ping-Pong-Bögen · Best.-Nr. 722 © Brigg Pädagogik Verlag GmbH, Augsburg

6.3 Ping-Pong-Bogen – Bruchteile von Größen

Du bist **A**. Dein Partner B stellt dir eine Aufgabe, die du auch auf deinem Zettel findest (Aufgabe für A). B hat neben der Aufgabe die Lösung zum Vergleichen stehen. Anschließend stellst du deinem Partner eine Aufgabe (Aufgabe für B). In der letzten Spalte findest du zum Vergleichen die Lösung (Lösung für B). So geht es immer hin und her.

Aufgabe für A		Aufgabe für B		Lösung für B	
1) $\frac{4}{5}$ von 1 cm	2) $\frac{2}{3}$ von 1 h	1) $\frac{3}{4}$ von 1 m	2) $\frac{3}{5}$ von 1 h	1) 75 cm	2) 36 min
3) $\frac{3}{4}$ von 1 ha	4) $\frac{3}{5}$ von 1 g	3) $\frac{4}{5}$ von 1 kg	4) $\frac{4}{7}$ von 14 m	3) 800 g	4) 8 m
5) $\frac{5}{9}$ von 27 m	6) $\frac{9}{10}$ von 1 h	5) $\frac{1}{2}$ von 5 cm	6) $\frac{1}{8}$ von 1 kg	5) 25 mm	6) 125 g
7) $\frac{5}{6}$ von 3 kg	8) $\frac{11}{20}$ von 1 a	7) $\frac{5}{8}$ von 1 m²	8) $\frac{7}{10}$ von 7 m	7) 6250 cm²	8) 49 dm
9) $\frac{3}{8}$ von 2 m²	10) $\frac{5}{8}$ von 2 kg	9) $\frac{17}{100}$ von 5 h	10) $\frac{2}{3}$ von 1 d	9) 51 min	10) 16 h
11) $\frac{11}{12}$ von 1 d	12) $\frac{2}{3}$ von 5 h	11) $\frac{7}{10}$ von 4 a	12) $\frac{3}{4}$ von 3 g	11) 280 m²	12) 2250 mg

6.3 Ping-Pong-Bogen – Bruchteile von Größen

Du bist **B**. Du stellst deinem Partner A die erste Aufgabe, die du auch auf deinem Zettel findest (Aufgabe für A). Daneben steht zur Kontrolle die Lösung der Aufgabe. Anschließend stellt dir dein Partner eine Aufgabe (Aufgabe für B). So geht es immer hin und her.

Aufgabe für B		Aufgabe für A		Lösung für A	
1) $\frac{3}{4}$ von 1 m	2) $\frac{3}{5}$ von 1 h	1) $\frac{4}{5}$ von 1 cm	2) $\frac{2}{3}$ von 1 h	1) 8 mm	2) 40 min
3) $\frac{4}{5}$ von 1 kg	4) $\frac{4}{7}$ von 14 m	3) $\frac{3}{4}$ von 1 ha	4) $\frac{3}{5}$ von 1 g	3) 75 a	4) 600 mg
5) $\frac{1}{2}$ von 5 cm	6) $\frac{1}{8}$ von 1 kg	5) $\frac{5}{9}$ von 27 m	6) $\frac{9}{10}$ von 1 h	5) 15 m	6) 54 min
7) $\frac{5}{8}$ von 1 m²	8) $\frac{7}{10}$ von 7 m	7) $\frac{5}{6}$ von 3 kg	8) $\frac{11}{20}$ von 1 a	7) 2500 g	8) 55 m²
9) $\frac{17}{100}$ von 5 h	10) $\frac{2}{3}$ von 1 d	9) $\frac{3}{8}$ von 2 m²	10) $\frac{5}{8}$ von 2 kg	9) 75 dm²	10) 1250 g
11) $\frac{7}{10}$ von 4 a	12) $\frac{3}{4}$ von 3 g	11) $\frac{11}{12}$ von 1 d	12) $\frac{2}{3}$ von 5 h	11) 22 h	12) 200 min

6.4 Ping-Pong-Bogen – Kürzen

Du bist **A**. Dein Partner B stellt dir eine Aufgabe, die du auch auf deinem Zettel findest (Aufgabe für A). B hat neben der Aufgabe die Lösung zum Vergleichen stehen. Anschließend stellst du deinem Partner eine Aufgabe (Aufgabe für B). In der letzten Spalte findest du zum Vergleichen die Lösung (Lösung für B). So geht es immer hin und her.

Aufgabe für A		Aufgabe für B		Lösung für B	
1) $\frac{6}{10}=$	2) $\frac{40}{50}=$	1) $\frac{4}{6}=$	2) $\frac{9}{12}=$	1) $\frac{2}{3}=$	2) $\frac{3}{4}=$
3) $\frac{25}{35}=$	4) $\frac{14}{26}=$	3) $\frac{10}{15}=$	4) $\frac{50}{75}=$	3) $\frac{2}{3}=$	4) $\frac{2}{3}=$
5) $\frac{60}{90}=$	6) $\frac{12}{36}=$	5) $\frac{14}{30}=$	6) $\frac{9}{15}=$	5) $\frac{7}{15}=$	6) $\frac{3}{5}=$
7) $\frac{21}{35}=$	8) $\frac{12}{30}=$	7) $\frac{18}{24}=$	8) $\frac{14}{42}=$	7) $\frac{3}{4}=$	8) $\frac{1}{3}=$
9) $\frac{65}{100}=$	10) $\frac{56}{84}=$	9) $\frac{42}{49}=$	10) $\frac{63}{84}=$	9) $\frac{6}{7}=$	10) $\frac{3}{4}=$
11) $\frac{84}{126}=$	12) $\frac{65}{91}=$	11) $\frac{88}{121}=$	12) $\frac{68}{102}=$	11) $\frac{8}{11}=$	12) $\frac{2}{3}=$

6.4 Ping-Pong-Bogen – Kürzen

Du bist **B**. Du stellst deinem Partner A die erste Aufgabe, die du auch auf deinem Zettel findest (Aufgabe für A). Daneben steht zur Kontrolle die Lösung der Aufgabe. Anschließend stellt dir dein Partner eine Aufgabe (Aufgabe für B). So geht es immer hin und her.

Aufgabe für B		Aufgabe für A		Lösung für A	
1) $\frac{4}{6}=$	2) $\frac{9}{12}=$	1) $\frac{6}{10}=$	2) $\frac{40}{50}=$	1) $\frac{3}{5}=$	2) $\frac{4}{5}=$
3) $\frac{10}{15}=$	4) $\frac{50}{75}=$	3) $\frac{25}{35}=$	4) $\frac{14}{26}=$	3) $\frac{5}{7}=$	4) $\frac{7}{13}=$
5) $\frac{14}{30}=$	6) $\frac{9}{15}=$	5) $\frac{60}{90}=$	6) $\frac{12}{36}=$	5) $\frac{2}{3}=$	6) $\frac{1}{3}=$
7) $\frac{18}{24}=$	8) $\frac{14}{42}=$	7) $\frac{21}{35}=$	8) $\frac{12}{30}=$	7) $\frac{3}{5}=$	8) $\frac{2}{5}=$
9) $\frac{42}{49}=$	10) $\frac{63}{84}=$	9) $\frac{65}{100}=$	10) $\frac{56}{84}=$	9) $\frac{13}{20}=$	10) $\frac{2}{3}=$
11) $\frac{88}{121}=$	12) $\frac{68}{102}=$	11) $\frac{84}{126}=$	12) $\frac{65}{91}=$	11) $\frac{2}{3}=$	12) $\frac{5}{7}=$

Jochen Sven Wild: Fit in Mathe durch Ping-Pong-Bögen · Best.-Nr. 722 © Brigg Pädagogik Verlag GmbH, Augsburg

6.5 Ping-Pong-Bogen – Erweitern

Du bist **A**. Dein Partner B stellt dir eine Aufgabe, die du auch auf deinem Zettel findest (Aufgabe für A). B hat neben der Aufgabe die Lösung zum Vergleichen stehen. Anschließend stellst du deinem Partner eine Aufgabe (Aufgabe für B). In der letzten Spalte findest du zum Vergleichen die Lösung (Lösung für B). So geht es immer hin und her.

Aufgabe für A		Aufgabe für B		Lösung für B	
1) $\frac{3}{5} = \frac{}{10}$	2) $\frac{2}{3} = \frac{}{9}$	1) $\frac{5}{6} = \frac{}{12}$	2) $\frac{1}{2} = \frac{}{10}$	1) $\frac{5}{6} = \frac{10}{12}$	2) $\frac{1}{2} = \frac{5}{10}$
3) $\frac{7}{10} = \frac{}{100}$	4) $\frac{1}{4} = \frac{}{100}$	3) $\frac{1}{5} = \frac{}{100}$	4) $\frac{4}{5} = \frac{}{15}$	3) $\frac{1}{5} = \frac{20}{100}$	4) $\frac{4}{5} = \frac{12}{15}$
5) $\frac{5}{8} = \frac{}{24}$	6) $\frac{7}{10} = \frac{}{30}$	5) $\frac{6}{7} = \frac{}{14}$	6) $\frac{5}{6} = \frac{}{30}$	5) $\frac{6}{7} = \frac{12}{14}$	6) $\frac{5}{6} = \frac{25}{30}$
7) $\frac{5}{9} = \frac{}{27}$	8) $\frac{19}{30} = \frac{}{60}$	7) $\frac{17}{30} = \frac{}{90}$	8) $\frac{3}{7} = \frac{}{28}$	7) $\frac{17}{30} = \frac{51}{90}$	8) $\frac{3}{7} = \frac{12}{28}$
9) $\frac{7}{20} = \frac{}{100}$	10) $\frac{7}{8} = \frac{}{40}$	9) $\frac{7}{25} = \frac{}{100}$	10) $\frac{2}{5} = \frac{}{25}$	9) $\frac{7}{25} = \frac{28}{100}$	10) $\frac{2}{5} = \frac{10}{25}$
11) $\frac{3}{8} = \frac{}{1000}$	12) $\frac{6}{13} = \frac{}{78}$	11) $\frac{3}{20} = \frac{}{500}$	12) $\frac{8}{17} = \frac{}{85}$	11) $\frac{3}{20} = \frac{75}{500}$	12) $\frac{8}{17} = \frac{40}{85}$

6.5 Ping-Pong-Bogen – Erweitern

Du bist **B**. Du stellst deinem Partner A die erste Aufgabe, die du auch auf deinem Zettel findest (Aufgabe für A). Daneben steht zur Kontrolle die Lösung der Aufgabe. Anschließend stellt dir dein Partner eine Aufgabe (Aufgabe für B). So geht es immer hin und her.

Aufgabe für B		Aufgabe für A		Lösung für A	
1) $\frac{5}{6} = \frac{}{12}$	2) $\frac{1}{2} = \frac{}{10}$	1) $\frac{3}{5} = \frac{}{10}$	2) $\frac{2}{3} = \frac{}{9}$	1) $\frac{3}{5} = \frac{6}{10}$	2) $\frac{2}{3} = \frac{6}{9}$
3) $\frac{1}{5} = \frac{}{100}$	4) $\frac{4}{5} = \frac{}{15}$	3) $\frac{7}{10} = \frac{}{100}$	4) $\frac{1}{4} = \frac{}{100}$	3) $\frac{7}{10} = \frac{70}{100}$	4) $\frac{1}{4} = \frac{25}{100}$
5) $\frac{6}{7} = \frac{}{14}$	6) $\frac{5}{6} = \frac{}{30}$	5) $\frac{5}{8} = \frac{}{24}$	6) $\frac{7}{10} = \frac{}{30}$	5) $\frac{5}{8} = \frac{15}{24}$	6) $\frac{7}{10} = \frac{21}{30}$
7) $\frac{17}{30} = \frac{}{90}$	8) $\frac{3}{7} = \frac{}{28}$	7) $\frac{5}{9} = \frac{}{27}$	8) $\frac{19}{30} = \frac{}{60}$	7) $\frac{5}{9} = \frac{15}{27}$	8) $\frac{19}{30} = \frac{38}{60}$
9) $\frac{7}{25} = \frac{}{100}$	10) $\frac{2}{5} = \frac{}{25}$	9) $\frac{7}{20} = \frac{}{100}$	10) $\frac{7}{8} = \frac{}{40}$	9) $\frac{7}{20} = \frac{35}{100}$	10) $\frac{7}{8} = \frac{35}{40}$
11) $\frac{3}{20} = \frac{}{500}$	12) $\frac{8}{17} = \frac{}{85}$	11) $\frac{3}{8} = \frac{}{1000}$	12) $\frac{6}{13} = \frac{}{78}$	11) $\frac{3}{8} = \frac{375}{1000}$	12) $\frac{6}{13} = \frac{36}{78}$

6.6 Ping-Pong-Bogen – Größenvergleich von Brüchen (< = >)

Du bist **A**. Dein Partner B stellt dir eine Aufgabe, die du auch auf deinem Zettel findest (Aufgabe für A). B hat neben der Aufgabe die Lösung zum Vergleichen stehen. Anschließend stellst du deinem Partner eine Aufgabe (Aufgabe für B). In der letzten Spalte findest du zum Vergleichen die Lösung (Lösung für B). So geht es immer hin und her.

Aufgabe für A		Aufgabe für B		Lösung für B	
1) $\dfrac{1}{2}$ $\dfrac{2}{3}$	2) $\dfrac{4}{5}$ $\dfrac{5}{6}$	1) $\dfrac{1}{2}$ $\dfrac{3}{4}$	2) $\dfrac{3}{5}$ $\dfrac{1}{3}$	1) $\dfrac{1}{2} < \dfrac{3}{4}$	2) $\dfrac{3}{5} > \dfrac{1}{3}$
3) $\dfrac{2}{5}$ $\dfrac{3}{5}$	4) $\dfrac{2}{3}$ $\dfrac{2}{4}$	3) $\dfrac{3}{4}$ $\dfrac{6}{8}$	4) $\dfrac{4}{7}$ $\dfrac{5}{7}$	3) $\dfrac{3}{4} = \dfrac{6}{8}$	4) $\dfrac{4}{7} < \dfrac{5}{7}$
5) $\dfrac{3}{4}$ $\dfrac{4}{5}$	6) $\dfrac{3}{4}$ $\dfrac{5}{6}$	5) $\dfrac{5}{8}$ $\dfrac{5}{9}$	6) $\dfrac{9}{10}$ $\dfrac{11}{12}$	5) $\dfrac{5}{8} > \dfrac{5}{9}$	6) $\dfrac{9}{10} < \dfrac{11}{12}$
7) $\dfrac{2}{3}$ $\dfrac{5}{6}$	8) $\dfrac{3}{4}$ $\dfrac{9}{12}$	7) $\dfrac{3}{5}$ $\dfrac{5}{8}$	8) $\dfrac{3}{4}$ $\dfrac{7}{10}$	7) $\dfrac{3}{5} < \dfrac{5}{8}$	8) $\dfrac{3}{4} > \dfrac{7}{10}$
9) $\dfrac{5}{8}$ $\dfrac{7}{12}$	10) $\dfrac{7}{10}$ $\dfrac{2}{3}$	9) $\dfrac{3}{8}$ $\dfrac{1}{3}$	10) $\dfrac{5}{7}$ $\dfrac{2}{3}$	9) $\dfrac{3}{8} > \dfrac{1}{3}$	10) $\dfrac{5}{7} > \dfrac{2}{3}$
11) $\dfrac{3}{5}$ $\dfrac{5}{7}$	12) $\dfrac{17}{24}$ $\dfrac{11}{18}$	11) $\dfrac{10}{14}$ $\dfrac{15}{21}$	12) $\dfrac{9}{16}$ $\dfrac{11}{20}$	11) $\dfrac{10}{14} = \dfrac{15}{21}$	12) $\dfrac{9}{16} > \dfrac{11}{20}$

6.6 Ping-Pong-Bogen – Größenvergleich von Brüchen (< = >)

Du bist **B**. Du stellst deinem Partner A die erste Aufgabe, die du auch auf deinem Zettel findest (Aufgabe für A). Daneben steht zur Kontrolle die Lösung der Aufgabe. Anschließend stellt dir dein Partner eine Aufgabe (Aufgabe für B). So geht es immer hin und her.

Aufgabe für B		Aufgabe für A		Lösung für A	
1) $\dfrac{1}{2}$ $\dfrac{3}{4}$	2) $\dfrac{3}{5}$ $\dfrac{1}{3}$	1) $\dfrac{1}{2}$ $\dfrac{2}{3}$	2) $\dfrac{4}{5}$ $\dfrac{5}{6}$	1) $\dfrac{1}{2} < \dfrac{2}{3}$	2) $\dfrac{4}{5} < \dfrac{5}{6}$
3) $\dfrac{3}{4}$ $\dfrac{6}{8}$	4) $\dfrac{4}{7}$ $\dfrac{5}{7}$	3) $\dfrac{2}{5}$ $\dfrac{3}{5}$	4) $\dfrac{2}{3}$ $\dfrac{2}{4}$	3) $\dfrac{2}{5} < \dfrac{3}{5}$	4) $\dfrac{2}{3} > \dfrac{2}{4}$
5) $\dfrac{5}{8}$ $\dfrac{5}{9}$	6) $\dfrac{9}{10}$ $\dfrac{11}{12}$	5) $\dfrac{3}{4}$ $\dfrac{4}{5}$	6) $\dfrac{3}{4}$ $\dfrac{5}{6}$	5) $\dfrac{3}{4} < \dfrac{4}{5}$	6) $\dfrac{3}{4} < \dfrac{5}{6}$
7) $\dfrac{3}{5}$ $\dfrac{5}{8}$	8) $\dfrac{3}{4}$ $\dfrac{7}{10}$	7) $\dfrac{2}{3}$ $\dfrac{5}{6}$	8) $\dfrac{3}{4}$ $\dfrac{9}{12}$	7) $\dfrac{2}{3} < \dfrac{5}{6}$	8) $\dfrac{3}{4} = \dfrac{9}{12}$
9) $\dfrac{3}{8}$ $\dfrac{1}{3}$	10) $\dfrac{5}{7}$ $\dfrac{2}{3}$	9) $\dfrac{5}{8}$ $\dfrac{7}{12}$	10) $\dfrac{7}{10}$ $\dfrac{2}{3}$	9) $\dfrac{5}{8} > \dfrac{7}{12}$	10) $\dfrac{7}{10} > \dfrac{2}{3}$
11) $\dfrac{10}{14}$ $\dfrac{15}{21}$	12) $\dfrac{9}{16}$ $\dfrac{11}{20}$	11) $\dfrac{3}{5}$ $\dfrac{5}{7}$	12) $\dfrac{17}{24}$ $\dfrac{11}{18}$	11) $\dfrac{3}{5} < \dfrac{5}{7}$	12) $\dfrac{17}{24} > \dfrac{11}{18}$

Jochen Sven Wild: Fit in Mathe durch Ping-Pong-Bögen · Best.-Nr. 722 © Brigg Pädagogik Verlag GmbH, Augsburg

6.7 Ping-Pong-Bogen – Brüche → Gemischte Zahlen

Du bist **A**. Dein Partner B stellt dir eine Aufgabe, die du auch auf deinem Zettel findest (Aufgabe für A). B hat neben der Aufgabe die Lösung zum Vergleichen stehen. Anschließend stellst du deinem Partner eine Aufgabe (Aufgabe für B). In der letzten Spalte findest du zum Vergleichen die Lösung (Lösung für B). So geht es immer hin und her.

Aufgabe für A		Aufgabe für B		Lösung für B	
1) $\frac{5}{3} =$	2) $\frac{10}{7} =$	1) $\frac{5}{4} =$	2) $\frac{9}{5} =$	1) $1\frac{1}{4}$	2) $1\frac{4}{5}$
3) $\frac{11}{4} =$	4) $\frac{23}{7} =$	3) $\frac{12}{7} =$	4) $\frac{25}{9} =$	3) $1\frac{5}{7}$	4) $2\frac{7}{9}$
5) $\frac{25}{4} =$	6) $\frac{43}{8} =$	5) $\frac{35}{6} =$	6) $\frac{47}{5} =$	5) $5\frac{5}{6}$	6) $9\frac{2}{5}$
7) $\frac{50}{7} =$	8) $\frac{60}{11} =$	7) $\frac{55}{6} =$	8) $\frac{80}{13} =$	7) $9\frac{1}{6}$	8) $6\frac{2}{13}$
9) $\frac{98}{15} =$	10) $\frac{100}{13} =$	9) $\frac{153}{25} =$	10) $\frac{99}{14} =$	9) $6\frac{3}{25}$	10) $7\frac{1}{14}$
11) $\frac{120}{7} =$	12) $\frac{65}{9} =$	11) $\frac{131}{5} =$	12) $\frac{79}{6} =$	11) $26\frac{1}{5}$	12) $13\frac{1}{6}$

6.7 Ping-Pong-Bogen – Brüche → Gemischte Zahlen

Du bist **B**. Du stellst deinem Partner A die erste Aufgabe, die du auch auf deinem Zettel findest (Aufgabe für A). Daneben steht zur Kontrolle die Lösung der Aufgabe. Anschließend stellt dir dein Partner eine Aufgabe (Aufgabe für B). So geht es immer hin und her.

Aufgabe für B		Aufgabe für A		Lösung für A	
1) $\frac{5}{4} =$	2) $\frac{9}{5} =$	1) $\frac{5}{3} =$	2) $\frac{10}{7} =$	1) $1\frac{2}{3}$	2) $1\frac{3}{7}$
3) $\frac{12}{7} =$	4) $\frac{25}{9} =$	3) $\frac{11}{4} =$	4) $\frac{23}{7} =$	3) $2\frac{3}{4}$	4) $3\frac{2}{7}$
5) $\frac{35}{6} =$	6) $\frac{47}{5} =$	5) $\frac{25}{4} =$	6) $\frac{43}{8} =$	5) $6\frac{1}{4}$	6) $5\frac{3}{8}$
7) $\frac{55}{6} =$	8) $\frac{80}{13} =$	7) $\frac{50}{7} =$	8) $\frac{60}{11} =$	7) $7\frac{1}{7}$	8) $5\frac{5}{11}$
9) $\frac{153}{25} =$	10) $\frac{99}{14} =$	9) $\frac{98}{15} =$	10) $\frac{100}{13} =$	9) $6\frac{8}{15}$	10) $7\frac{9}{13}$
11) $\frac{131}{5} =$	12) $\frac{79}{6} =$	11) $\frac{120}{7} =$	12) $\frac{65}{9} =$	11) $17\frac{1}{7}$	12) $7\frac{2}{9}$

6.8 Ping-Pong-Bogen – Addieren von Bruchzahlen

Du bist **A**. Dein Partner B stellt dir eine Aufgabe, die du auch auf deinem Zettel findest (Aufgabe für A). B hat neben der Aufgabe die Lösung zum Vergleichen stehen. Anschließend stellst du deinem Partner eine Aufgabe (Aufgabe für B). In der letzten Spalte findest du zum Vergleichen die Lösung (Lösung für B). So geht es immer hin und her.

Aufgabe für A		Aufgabe für B		Lösung für B	
1) $\frac{1}{4} + \frac{2}{4} =$	2) $\frac{2}{5} + \frac{1}{10} =$	1) $\frac{2}{7} + \frac{3}{7} =$	2) $\frac{1}{2} + \frac{1}{4} =$	1) $\frac{5}{7}$	2) $\frac{3}{4}$
3) $\frac{1}{3} + \frac{1}{2} =$	4) $\frac{5}{7} + \frac{1}{14} =$	3) $\frac{3}{8} + \frac{5}{16} =$	4) $\frac{2}{5} + \frac{1}{4} =$	3) $\frac{11}{16}$	4) $\frac{13}{20}$
5) $\frac{1}{6} + \frac{1}{3} =$	6) $\frac{1}{6} + \frac{3}{4} =$	5) $\frac{1}{5} + \frac{3}{10} =$	6) $\frac{1}{4} + \frac{1}{12} =$	5) $\frac{1}{2}$	6) $\frac{1}{3}$
7) $\frac{1}{3} + \frac{1}{12} =$	8) $\frac{1}{6} + \frac{1}{9} =$	7) $\frac{5}{6} + \frac{1}{12} =$	8) $\frac{5}{6} + \frac{3}{4} =$	7) $\frac{11}{12}$	8) $\frac{19}{12}$
9) $\frac{1}{8} + \frac{1}{6} =$	10) $\frac{5}{6} + \frac{2}{7} =$	9) $\frac{1}{10} + \frac{1}{15} =$	10) $\frac{5}{6} + \frac{4}{5} =$	9) $\frac{1}{6}$	10) $\frac{49}{30}$
11) $\frac{3}{20} + \frac{3}{25} =$	12) $\frac{4}{5} + \frac{8}{9} =$	11) $\frac{3}{7} + \frac{1}{21} =$	12) $\frac{3}{7} + \frac{2}{9} =$	11) $\frac{10}{21}$	12) $\frac{41}{63}$

6.8 Ping-Pong-Bogen – Addieren von Bruchzahlen

Du bist **B**. Du stellst deinem Partner A die erste Aufgabe, die du auch auf deinem Zettel findest (Aufgabe für A). Daneben steht zur Kontrolle die Lösung der Aufgabe. Anschließend stellt dir dein Partner eine Aufgabe (Aufgabe für B). So geht es immer hin und her.

Aufgabe für B		Aufgabe für A		Lösung für A	
1) $\frac{2}{7} + \frac{3}{7} =$	2) $\frac{1}{2} + \frac{1}{4} =$	1) $\frac{1}{4} + \frac{2}{4} =$	2) $\frac{2}{5} + \frac{1}{10} =$	1) $\frac{3}{4}$	2) $\frac{1}{2}$
3) $\frac{3}{8} + \frac{5}{16} =$	4) $\frac{2}{5} + \frac{1}{4} =$	3) $\frac{1}{3} + \frac{1}{2} =$	4) $\frac{5}{7} + \frac{1}{14} =$	3) $\frac{5}{6}$	4) $\frac{11}{14}$
5) $\frac{1}{5} + \frac{3}{10} =$	6) $\frac{1}{4} + \frac{1}{12} =$	5) $\frac{1}{6} + \frac{1}{3} =$	6) $\frac{1}{6} + \frac{3}{4} =$	5) $\frac{1}{2}$	6) $\frac{11}{12}$
7) $\frac{5}{6} + \frac{1}{12} =$	8) $\frac{5}{6} + \frac{3}{4} =$	7) $\frac{1}{3} + \frac{1}{12} =$	8) $\frac{1}{6} + \frac{1}{9} =$	7) $\frac{5}{12}$	8) $\frac{5}{18}$
9) $\frac{1}{10} + \frac{1}{15} =$	10) $\frac{5}{6} + \frac{4}{5} =$	9) $\frac{1}{8} + \frac{1}{6} =$	10) $\frac{5}{6} + \frac{2}{7} =$	9) $\frac{7}{24}$	10) $\frac{47}{42}$
11) $\frac{3}{7} + \frac{1}{21} =$	12) $\frac{3}{7} + \frac{2}{9} =$	11) $\frac{3}{20} + \frac{3}{25} =$	12) $\frac{4}{5} + \frac{8}{9} =$	11) $\frac{27}{100}$	12) $\frac{76}{56}$

Jochen Sven Wild: Fit in Mathe durch Ping-Pong-Bögen · Best.-Nr. 722 © Brigg Pädagogik Verlag GmbH, Augsburg

6.9 Ping-Pong-Bogen – Subtrahieren von Bruchzahlen

Du bist **A**. Dein Partner B stellt dir eine Aufgabe, die du auch auf deinem Zettel findest (Aufgabe für A). B hat neben der Aufgabe die Lösung zum Vergleichen stehen. Anschließend stellst du deinem Partner eine Aufgabe (Aufgabe für B). In der letzten Spalte findest du zum Vergleichen die Lösung (Lösung für B). So geht es immer hin und her.

Aufgabe für A		Aufgabe für B		Lösung für B	
1) $\frac{1}{3} - \frac{1}{9} =$	2) $\frac{3}{4} - \frac{1}{2} =$	1) $\frac{1}{2} - \frac{1}{8} =$	2) $\frac{2}{3} - \frac{1}{6} =$	1) $\frac{3}{8}$	2) $\frac{1}{2}$
3) $\frac{11}{12} - \frac{3}{4} =$	4) $\frac{5}{6} - \frac{1}{3} =$	3) $\frac{7}{10} - \frac{3}{5} =$	4) $\frac{2}{3} - \frac{1}{9} =$	3) $\frac{1}{10}$	4) $\frac{5}{9}$
5) $\frac{1}{2} - \frac{1}{5} =$	6) $\frac{3}{4} - \frac{2}{3} =$	5) $\frac{1}{3} - \frac{1}{4} =$	6) $\frac{5}{6} - \frac{5}{9} =$	5) $\frac{1}{12}$	6) $\frac{5}{18}$
7) $\frac{3}{4} - \frac{1}{5} =$	8) $\frac{3}{10} - \frac{2}{15} =$	7) $\frac{3}{5} - \frac{1}{3} =$	8) $\frac{2}{3} - \frac{1}{4} =$	7) $\frac{4}{15}$	8) $\frac{5}{12}$
9) $\frac{4}{5} - \frac{1}{6} =$	10) $\frac{8}{9} - \frac{3}{4} =$	9) $\frac{3}{4} - \frac{1}{10} =$	10) $\frac{5}{12} - \frac{3}{8} =$	9) $\frac{13}{20}$	10) $\frac{1}{24}$
11) $\frac{5}{8} - \frac{3}{10} =$	12) $\frac{4}{7} - \frac{5}{12} =$	11) $\frac{6}{7} - \frac{4}{5} =$	12) $\frac{11}{16} - \frac{1}{6} =$	11) $\frac{2}{35}$	12) $\frac{25}{48}$

6.9 Ping-Pong-Bogen – Subtrahieren von Bruchzahlen

Du bist **B**. Du stellst deinem Partner A die erste Aufgabe, die du auch auf deinem Zettel findest (Aufgabe für A). Daneben steht zur Kontrolle die Lösung der Aufgabe. Anschließend stellt dir dein Partner eine Aufgabe (Aufgabe für B). So geht es immer hin und her.

Aufgabe für B		Aufgabe für A		Lösung für A	
1) $\frac{1}{2} - \frac{1}{8} =$	2) $\frac{2}{3} - \frac{1}{6} =$	1) $\frac{1}{3} - \frac{1}{9} =$	2) $\frac{3}{4} - \frac{1}{2} =$	1) $\frac{2}{9}$	2) $\frac{1}{4}$
3) $\frac{7}{10} - \frac{3}{5} =$	4) $\frac{2}{3} - \frac{1}{9} =$	3) $\frac{11}{12} - \frac{3}{4} =$	4) $\frac{5}{6} - \frac{1}{3} =$	3) $\frac{1}{6}$	4) $\frac{1}{2}$
5) $\frac{1}{3} - \frac{1}{4} =$	6) $\frac{5}{6} - \frac{5}{9} =$	5) $\frac{1}{2} - \frac{1}{5} =$	6) $\frac{3}{4} - \frac{2}{3} =$	5) $\frac{3}{10}$	6) $\frac{1}{12}$
7) $\frac{3}{5} - \frac{1}{3} =$	8) $\frac{2}{3} - \frac{1}{4} =$	7) $\frac{3}{4} - \frac{1}{5} =$	8) $\frac{3}{10} - \frac{2}{15} =$	7) $\frac{11}{20}$	8) $\frac{1}{6}$
9) $\frac{3}{4} - \frac{1}{10} =$	10) $\frac{5}{12} - \frac{3}{8} =$	9) $\frac{4}{5} - \frac{1}{6} =$	10) $\frac{8}{9} - \frac{3}{4} =$	9) $\frac{19}{30}$	10) $\frac{5}{36}$
11) $\frac{6}{7} - \frac{4}{5} =$	12) $\frac{11}{16} - \frac{1}{6} =$	11) $\frac{5}{8} - \frac{3}{10} =$	12) $\frac{4}{7} - \frac{5}{12} =$	11) $\frac{13}{40}$	12) $\frac{13}{84}$

6.10 Ping-Pong-Bogen – Addieren und Subtrahieren von Bruchzahlen

Du bist **A**. Dein Partner B stellt dir eine Aufgabe, die du auch auf deinem Zettel findest (Aufgabe für A). B hat neben der Aufgabe die Lösung zum Vergleichen stehen. Anschließend stellst du deinem Partner eine Aufgabe (Aufgabe für B). In der letzten Spalte findest du zum Vergleichen die Lösung (Lösung für B). So geht es immer hin und her.

Aufgabe für A		Aufgabe für B		Lösung für B	
1) $\frac{1}{6} + \frac{2}{3} =$	2) $\frac{5}{6} - \frac{5}{12} =$	1) $\frac{1}{8} + \frac{3}{4} =$	2) $\frac{2}{5} - \frac{1}{10} =$	1) $\frac{7}{8}$	2) $\frac{3}{10}$
3) $\frac{1}{3} + \frac{1}{4} =$	4) $\frac{1}{8} - \frac{1}{10} =$	3) $\frac{1}{4} - \frac{1}{5} =$	4) $\frac{1}{2} + \frac{1}{3} =$	3) $\frac{1}{20}$	4) $\frac{5}{6}$
5) $\frac{3}{4} - \frac{2}{3} =$	6) $\frac{3}{5} - \frac{1}{3} =$	5) $\frac{5}{8} + \frac{1}{6} =$	6) $\frac{3}{4} + \frac{1}{6} =$	5) $\frac{19}{24}$	6) $\frac{11}{12}$
7) $\frac{2}{5} + \frac{1}{4} =$	8) $\frac{5}{6} - \frac{1}{4} =$	7) $\frac{7}{8} - \frac{1}{3} =$	8) $\frac{5}{8} + \frac{1}{3} =$	7) $\frac{13}{24}$	8) $\frac{23}{24}$
9) $\frac{1}{3} + \frac{3}{10} =$	10) $2\frac{2}{3} - 1\frac{5}{9} =$	9) $\frac{1}{5} + \frac{2}{7} =$	10) $2\frac{3}{4} - 1\frac{5}{12} =$	9) $\frac{17}{35}$	10) $1\frac{1}{3}$
11) $1\frac{5}{7} - 1\frac{2}{11} =$	12) $2\frac{1}{6} + 3\frac{3}{4} =$	11) $\frac{5}{9} - \frac{3}{8} =$	12) $1\frac{8}{9} + 2\frac{1}{4} =$	11) $\frac{13}{72}$	12) $4\frac{5}{36}$

6.10 Ping-Pong-Bogen – Addieren und Subtrahieren von Bruchzahlen

Du bist **B**. Du stellst deinem Partner A die erste Aufgabe, die du auch auf deinem Zettel findest (Aufgabe für A). Daneben steht zur Kontrolle die Lösung der Aufgabe. Anschließend stellt dir dein Partner eine Aufgabe (Aufgabe für B). So geht es immer hin und her.

Aufgabe für B		Aufgabe für A		Lösung für A	
1) $\frac{1}{8} + \frac{3}{4} =$	2) $\frac{2}{5} - \frac{1}{10} =$	1) $\frac{1}{6} + \frac{2}{3} =$	2) $\frac{5}{6} - \frac{5}{12} =$	1) $\frac{5}{6}$	2) $\frac{5}{12}$
3) $\frac{1}{4} - \frac{1}{5} =$	4) $\frac{1}{2} + \frac{1}{3} =$	3) $\frac{1}{3} + \frac{1}{4} =$	4) $\frac{1}{8} - \frac{1}{10} =$	3) $\frac{7}{12}$	4) $\frac{1}{40}$
5) $\frac{5}{8} + \frac{1}{6} =$	6) $\frac{3}{4} + \frac{1}{6} =$	5) $\frac{3}{4} - \frac{2}{3} =$	6) $\frac{3}{5} - \frac{1}{3} =$	5) $\frac{1}{12}$	6) $\frac{4}{15}$
7) $\frac{7}{8} - \frac{1}{3} =$	8) $\frac{5}{8} + \frac{1}{3} =$	7) $\frac{2}{5} + \frac{1}{4} =$	8) $\frac{5}{6} - \frac{1}{4} =$	7) $\frac{13}{20}$	8) $\frac{7}{12}$
9) $\frac{1}{5} + \frac{2}{7} =$	10) $2\frac{3}{4} - 1\frac{5}{12} =$	9) $\frac{1}{3} + \frac{3}{10} =$	10) $2\frac{2}{3} - 1\frac{5}{9} =$	9) $\frac{19}{30}$	10) $1\frac{1}{9}$
11) $\frac{5}{9} - \frac{3}{8} =$	12) $1\frac{8}{9} + 2\frac{1}{4} =$	11) $1\frac{5}{7} - 1\frac{2}{11} =$	12) $2\frac{1}{6} + 3\frac{3}{4} =$	11) $\frac{41}{77}$	12) $4\frac{11}{12}$

Jochen Sven Wild: Fit in Mathe durch Ping-Pong-Bögen · Best.-Nr. 722 © Brigg Pädagogik Verlag GmbH, Augsburg

6.11 Ping-Pong-Bogen – Multiplizieren von Bruchzahlen

Du bist **A**. Dein Partner B stellt dir eine Aufgabe, die du auch auf deinem Zettel findest (Aufgabe für A). B hat neben der Aufgabe die Lösung zum Vergleichen stehen. Anschließend stellst du deinem Partner eine Aufgabe (Aufgabe für B). In der letzten Spalte findest du zum Vergleichen die Lösung (Lösung für B). So geht es immer hin und her.

Aufgabe für A		Aufgabe für B		Lösung für B	
1) $\frac{1}{2} \cdot \frac{1}{3} =$	2) $\frac{2}{5} \cdot \frac{1}{2} =$	1) $\frac{1}{3} \cdot \frac{1}{10} =$	2) $\frac{1}{2} \cdot \frac{3}{4} =$	1) $\frac{1}{30}$	2) $\frac{3}{8}$
3) $\frac{2}{3} \cdot \frac{1}{4} =$	4) $\frac{7}{5} \cdot \frac{3}{14} =$	3) $\frac{3}{4} \cdot \frac{3}{4} =$	4) $\frac{2}{5} \cdot \frac{5}{4} =$	3) $\frac{9}{16}$	4) $\frac{1}{2}$
5) $\frac{5}{6} \cdot \frac{2}{3} =$	6) $\frac{7}{6} \cdot \frac{3}{4} =$	5) $\frac{4}{5} \cdot \frac{3}{10} =$	6) $\frac{3}{4} \cdot \frac{11}{12} =$	5) $\frac{6}{25}$	6) $\frac{11}{16}$
7) $\frac{7}{10} \cdot \frac{4}{5} =$	8) $\frac{5}{6} \cdot \frac{8}{9} =$	7) $\frac{4}{9} \cdot \frac{3}{10} =$	8) $\frac{5}{6} \cdot \frac{3}{4} =$	7) $\frac{2}{15}$	8) $\frac{5}{8}$
9) $1\frac{1}{8} \cdot \frac{1}{6} =$	10) $2\frac{1}{6} \cdot \frac{2}{13} =$	9) $1\frac{2}{3} \cdot \frac{1}{5} =$	10) $1\frac{5}{6} \cdot \frac{4}{11} =$	9) $\frac{1}{3}$	10) $\frac{2}{3}$
11) $2\frac{2}{3} \cdot 3\frac{3}{4} =$	12) $1\frac{1}{5} \cdot 4\frac{4}{9} =$	11) $1\frac{3}{7} \cdot 2\frac{4}{5} =$	12) $2\frac{6}{7} \cdot 2\frac{5}{8} =$	11) 4	12) $7\frac{1}{2}$

6.11 Ping-Pong-Bogen – Multiplizieren von Bruchzahlen

Du bist **B**. Du stellst deinem Partner A die erste Aufgabe, die du auch auf deinem Zettel findest (Aufgabe für A). Daneben steht zur Kontrolle die Lösung der Aufgabe. Anschließend stellt dir dein Partner eine Aufgabe (Aufgabe für B). So geht es immer hin und her.

Aufgabe für B		Aufgabe für A		Lösung für A	
1) $\frac{1}{3} \cdot \frac{1}{10} =$	2) $\frac{1}{2} \cdot \frac{3}{4} =$	1) $\frac{1}{2} \cdot \frac{1}{3} =$	2) $\frac{2}{5} \cdot \frac{1}{2} =$	1) $\frac{1}{6}$	2) $\frac{1}{5}$
3) $\frac{3}{4} \cdot \frac{3}{4} =$	4) $\frac{2}{5} \cdot \frac{5}{4} =$	3) $\frac{2}{3} \cdot \frac{1}{4} =$	4) $\frac{7}{5} \cdot \frac{3}{14} =$	3) $\frac{1}{6}$	4) $\frac{3}{10}$
5) $\frac{4}{5} \cdot \frac{3}{10} =$	6) $\frac{3}{4} \cdot \frac{11}{12} =$	5) $\frac{5}{6} \cdot \frac{2}{3} =$	6) $\frac{7}{6} \cdot \frac{3}{4} =$	5) $\frac{5}{9}$	6) $\frac{7}{8}$
7) $\frac{4}{9} \cdot \frac{3}{10} =$	8) $\frac{5}{6} \cdot \frac{3}{4} =$	7) $\frac{7}{10} \cdot \frac{4}{5} =$	8) $\frac{5}{6} \cdot \frac{8}{9} =$	7) $\frac{14}{25}$	8) $\frac{20}{27}$
9) $1\frac{2}{3} \cdot \frac{1}{5} =$	10) $1\frac{5}{6} \cdot \frac{4}{11} =$	9) $1\frac{1}{8} \cdot \frac{1}{6} =$	10) $2\frac{1}{6} \cdot \frac{2}{13} =$	9) $\frac{3}{16}$	10) $\frac{1}{3}$
11) $1\frac{3}{7} \cdot 2\frac{4}{5} =$	12) $2\frac{6}{7} \cdot 2\frac{5}{8} =$	11) $2\frac{2}{3} \cdot 3\frac{3}{4} =$	12) $1\frac{1}{5} \cdot 4\frac{4}{9} =$	11) 10	12) $5\frac{1}{3}$

6.12 Ping-Pong-Bogen – Dividieren von Bruchzahlen

Du bist **A**. Dein Partner B stellt dir eine Aufgabe, die du auch auf deinem Zettel findest (Aufgabe für A). B hat neben der Aufgabe die Lösung zum Vergleichen stehen. Anschließend stellst du deinem Partner eine Aufgabe (Aufgabe für B). In der letzten Spalte findest du zum Vergleichen die Lösung (Lösung für B). So geht es immer hin und her.

Aufgabe für A		Aufgabe für B		Lösung für B	
1) $\frac{1}{4} : \frac{1}{2} =$	2) $\frac{1}{5} : \frac{1}{4} =$	1) $\frac{1}{6} : \frac{1}{3} =$	2) $\frac{1}{7} : \frac{1}{2} =$	1) $\frac{1}{2}$	2) $\frac{2}{7}$
3) $\frac{2}{3} : \frac{2}{3} =$	4) $\frac{2}{5} : \frac{3}{4} =$	3) $\frac{1}{2} : \frac{1}{7} =$	4) $\frac{3}{4} : \frac{3}{4} =$	3) $3\frac{1}{2}$	4) 1
5) $\frac{1}{4} : \frac{5}{6} =$	6) $\frac{5}{6} : \frac{1}{4} =$	5) $\frac{5}{6} : \frac{2}{3} =$	6) $\frac{5}{6} : \frac{3}{4} =$	5) $1\frac{1}{4}$	6) $1\frac{1}{9}$
7) $\frac{2}{5} : \frac{4}{9} =$	8) $\frac{5}{6} : \frac{8}{9} =$	7) $\frac{7}{10} : \frac{4}{5} =$	8) $\frac{4}{5} : \frac{3}{5} =$	7) $\frac{7}{8}$	8) $1\frac{1}{3}$
9) $\frac{2}{9} : \frac{3}{7} =$	10) $1\frac{1}{6} : \frac{7}{8} =$	9) $\frac{3}{13} : \frac{2}{5} =$	10) $1\frac{1}{6} : \frac{3}{4} =$	9) $\frac{15}{26}$	10) $1\frac{5}{9}$
11) $1\frac{2}{3} : 1\frac{1}{4} =$	12) $1\frac{1}{5} : 1\frac{1}{10} =$	11) $1\frac{5}{6} : 1\frac{3}{8} =$	12) $1\frac{6}{7} : 1\frac{5}{8} =$	11) $1\frac{1}{3}$	12) $1\frac{1}{7}$

6.12 Ping-Pong-Bogen – Dividieren von Bruchzahlen

Du bist **B**. Du stellst deinem Partner A die erste Aufgabe, die du auch auf deinem Zettel findest (Aufgabe für A). Daneben steht zur Kontrolle die Lösung der Aufgabe. Anschließend stellt dir dein Partner eine Aufgabe (Aufgabe für B). So geht es immer hin und her.

Aufgabe für B		Aufgabe für A		Lösung für A	
1) $\frac{1}{6} : \frac{1}{3} =$	2) $\frac{1}{7} : \frac{1}{2} =$	1) $\frac{1}{4} : \frac{1}{2} =$	2) $\frac{1}{5} : \frac{1}{4} =$	1) $\frac{1}{2}$	2) $\frac{4}{5}$
3) $\frac{1}{2} : \frac{1}{7} =$	4) $\frac{3}{4} : \frac{3}{4} =$	3) $\frac{2}{3} : \frac{2}{3} =$	4) $\frac{2}{5} : \frac{3}{4} =$	3) 1	4) $\frac{8}{15}$
5) $\frac{5}{6} : \frac{2}{3} =$	6) $\frac{5}{6} : \frac{3}{4} =$	5) $\frac{1}{4} : \frac{5}{6} =$	6) $\frac{5}{6} : \frac{1}{4} =$	5) $\frac{3}{10}$	6) $3\frac{1}{3}$
7) $\frac{7}{10} : \frac{4}{5} =$	8) $\frac{4}{5} : \frac{3}{5} =$	7) $\frac{2}{5} : \frac{4}{9} =$	8) $\frac{5}{6} : \frac{8}{9} =$	7) $\frac{9}{10}$	8) $\frac{15}{16}$
9) $\frac{3}{13} : \frac{2}{5} =$	10) $1\frac{1}{6} : \frac{3}{4} =$	9) $\frac{2}{9} : \frac{3}{7} =$	10) $1\frac{1}{6} : \frac{7}{8} =$	9) $\frac{14}{27}$	10) $1\frac{1}{3}$
11) $1\frac{5}{6} : 1\frac{3}{8} =$	12) $1\frac{6}{7} : 1\frac{5}{8} =$	11) $1\frac{2}{3} : 1\frac{1}{4} =$	12) $1\frac{1}{5} : 1\frac{1}{10} =$	11) $1\frac{1}{3}$	12) $1\frac{1}{11}$

Jochen Sven Wild: Fit in Mathe durch Ping-Pong-Bögen · Best.-Nr. 722 © Brigg Pädagogik Verlag GmbH, Augsburg

6.13 Ping-Pong-Bogen – Vermischte Aufgaben 1

Du bist **A**. Dein Partner B stellt dir eine Aufgabe, die du auch auf deinem Zettel findest (Aufgabe für A). B hat neben der Aufgabe die Lösung zum Vergleichen stehen. Anschließend stellst du deinem Partner eine Aufgabe (Aufgabe für B). In der letzten Spalte findest du zum Vergleichen die Lösung (Lösung für B). So geht es immer hin und her.

Aufgabe für A		Aufgabe für B		Lösung für B	
1) $\frac{2}{9} + \frac{5}{9} =$	2) $\frac{2}{5} : \frac{3}{4} =$	1) $\frac{5}{7} - \frac{2}{7} =$	2) $\frac{1}{2} \cdot \frac{3}{4} =$	1) $\frac{3}{7}$	2) $\frac{3}{8}$
3) $\frac{3}{4} - \frac{1}{2} =$	4) $\frac{5}{7} \cdot \frac{1}{3} =$	3) $\frac{3}{8} + \frac{1}{4} =$	4) $\frac{2}{5} : \frac{1}{2} =$	3) $\frac{5}{8}$	4) $\frac{4}{5}$
5) $\frac{1}{6} + \frac{1}{12} =$	6) $\frac{3}{4} : \frac{6}{10} =$	5) $\frac{4}{5} - \frac{3}{10} =$	6) $\frac{1}{4} \cdot \frac{2}{3} =$	5) $\frac{1}{2}$	6) $\frac{1}{6}$
7) $\frac{2}{3} : \frac{4}{15} =$	8) $\frac{5}{6} \cdot \frac{2}{5} =$	7) $\frac{5}{9} + \frac{5}{18} =$	8) $\frac{5}{6} : \frac{3}{4} =$	7) $\frac{5}{6}$	8) $\frac{10}{9}$
9) $\frac{3}{8} + \frac{5}{6} =$	10) $\frac{5}{6} : \frac{7}{2} =$	9) $\frac{7}{10} - \frac{2}{15} =$	10) $\frac{5}{6} \cdot \frac{4}{5} =$	9) $\frac{17}{30}$	10) $\frac{2}{3}$
11) $\frac{3}{20} - \frac{3}{25} =$	12) $\frac{4}{5} \cdot \frac{2}{13} =$	11) $\frac{4}{5} + \frac{5}{6} =$	12) $\frac{3}{7} : \frac{9}{10} =$	11) $\frac{49}{30}$	12) $\frac{10}{21}$

6.13 Ping-Pong-Bogen – Vermischte Aufgaben 1

Du bist **B**. Du stellst deinem Partner A die erste Aufgabe, die du auch auf deinem Zettel findest (Aufgabe für A). Daneben steht zur Kontrolle die Lösung der Aufgabe. Anschließend stellt dir dein Partner eine Aufgabe (Aufgabe für B). So geht es immer hin und her.

Aufgabe für B		Aufgabe für A		Lösung für A	
1) $\frac{5}{7} - \frac{2}{7} =$	2) $\frac{1}{2} \cdot \frac{3}{4} =$	1) $\frac{2}{9} + \frac{5}{9} =$	2) $\frac{2}{5} : \frac{3}{4} =$	1) $\frac{7}{9}$	2) $\frac{8}{15}$
3) $\frac{3}{8} + \frac{1}{4} =$	4) $\frac{2}{5} : \frac{1}{2} =$	3) $\frac{3}{4} - \frac{1}{2} =$	4) $\frac{5}{7} \cdot \frac{1}{3} =$	3) $\frac{1}{4}$	4) $\frac{5}{21}$
5) $\frac{4}{5} - \frac{3}{10} =$	6) $\frac{1}{4} \cdot \frac{2}{3} =$	5) $\frac{1}{6} + \frac{1}{12} =$	6) $\frac{3}{4} : \frac{6}{10} =$	5) $\frac{1}{4}$	6) $\frac{5}{4}$
7) $\frac{5}{9} + \frac{5}{18} =$	8) $\frac{5}{6} : \frac{3}{4} =$	7) $\frac{2}{3} : \frac{4}{15} =$	8) $\frac{5}{6} \cdot \frac{2}{5} =$	7) $\frac{2}{5}$	8) $\frac{1}{3}$
9) $\frac{7}{10} - \frac{2}{15} =$	10) $\frac{5}{6} \cdot \frac{4}{5} =$	9) $\frac{3}{8} + \frac{5}{6} =$	10) $\frac{5}{6} : \frac{7}{2} =$	9) $\frac{29}{24}$	10) $\frac{5}{21}$
11) $\frac{4}{5} + \frac{5}{6} =$	12) $\frac{3}{7} : \frac{9}{10} =$	11) $\frac{3}{20} - \frac{3}{25} =$	12) $\frac{4}{5} \cdot \frac{2}{13} =$	11) $\frac{3}{100}$	12) $\frac{8}{65}$

6.14 Ping-Pong-Bogen – Vermischte Aufgaben 2

Du bist **A**. Dein Partner B stellt dir eine Aufgabe, die du auch auf deinem Zettel findest (Aufgabe für A). B hat neben der Aufgabe die Lösung zum Vergleichen stehen. Anschließend stellst du deinem Partner eine Aufgabe (Aufgabe für B). In der letzten Spalte findest du zum Vergleichen die Lösung (Lösung für B). So geht es immer hin und her.

Aufgabe für A		Aufgabe für B		Lösung für B	
1) $\frac{2}{7}+\frac{4}{7}=$	2) $\frac{1}{7}:\frac{2}{3}=$	1) $\frac{5}{6}-\frac{1}{6}=$	2) $\frac{2}{3}\cdot\frac{3}{4}=$	1) $\frac{2}{3}$	2) $\frac{1}{2}$
3) $\frac{1}{2}-\frac{3}{8}=$	4) $\frac{5}{8}\cdot\frac{2}{3}=$	3) $\frac{2}{3}+\frac{1}{6}=$	4) $\frac{2}{7}:\frac{1}{2}=$	3) $\frac{5}{6}$	4) $\frac{4}{7}$
5) $\frac{1}{6}+\frac{1}{18}=$	6) $\frac{3}{5}:\frac{9}{10}=$	5) $\frac{3}{4}-\frac{5}{8}=$	6) $\frac{3}{4}\cdot\frac{1}{12}=$	5) $\frac{1}{8}$	6) $\frac{1}{16}$
7) $\frac{7}{15}-\frac{2}{5}=$	8) $\frac{4}{9}\cdot\frac{3}{10}=$	7) $\frac{5}{12}+\frac{7}{18}=$	8) $\frac{2}{15}:\frac{4}{5}=$	7) $\frac{29}{36}$	8) $\frac{1}{6}$
9) $\frac{5}{8}+\frac{5}{6}=$	10) $\frac{15}{14}:\frac{6}{7}=$	9) $\frac{7}{15}-\frac{3}{20}=$	10) $\frac{5}{8}\cdot\frac{2}{25}=$	9) $\frac{19}{60}$	10) $\frac{1}{20}$
11) $\frac{3}{15}-\frac{3}{25}=$	12) $\frac{4}{7}\cdot\frac{6}{7}=$	11) $\frac{4}{7}+\frac{2}{3}=$	12) $\frac{3}{5}:\frac{5}{6}=$	11) $\frac{26}{21}$	12) $\frac{18}{25}$

6.14 Ping-Pong-Bogen – Vermischte Aufgaben 2

Du bist **B**. Du stellst deinem Partner A die erste Aufgabe, die du auch auf deinem Zettel findest (Aufgabe für A). Daneben steht zur Kontrolle die Lösung der Aufgabe. Anschließend stellt dir dein Partner eine Aufgabe (Aufgabe für B). So geht es immer hin und her.

Aufgabe für B		Aufgabe für A		Lösung für A	
1) $\frac{5}{6}-\frac{1}{6}=$	2) $\frac{2}{3}\cdot\frac{3}{4}=$	1) $\frac{2}{7}+\frac{4}{7}=$	2) $\frac{1}{7}:\frac{2}{3}=$	1) $\frac{6}{7}$	2) $\frac{3}{14}$
3) $\frac{2}{3}+\frac{1}{6}=$	4) $\frac{2}{7}:\frac{1}{2}=$	3) $\frac{1}{2}-\frac{3}{8}=$	4) $\frac{5}{8}\cdot\frac{2}{3}=$	3) $\frac{1}{8}$	4) $\frac{5}{12}$
5) $\frac{3}{4}-\frac{5}{8}=$	6) $\frac{3}{4}\cdot\frac{1}{12}=$	5) $\frac{1}{6}+\frac{1}{18}=$	6) $\frac{3}{5}:\frac{9}{10}=$	5) $\frac{2}{9}$	6) $\frac{2}{3}$
7) $\frac{5}{12}+\frac{7}{18}=$	8) $\frac{2}{15}:\frac{4}{5}=$	7) $\frac{7}{15}-\frac{2}{5}=$	8) $\frac{4}{9}\cdot\frac{3}{10}=$	7) $\frac{1}{15}$	8) $\frac{2}{15}$
9) $\frac{7}{15}-\frac{3}{20}=$	10) $\frac{5}{8}\cdot\frac{2}{25}=$	9) $\frac{5}{8}+\frac{5}{6}=$	10) $\frac{15}{14}:\frac{6}{7}=$	9) $\frac{35}{24}$	10) $\frac{5}{4}$
11) $\frac{4}{7}+\frac{2}{3}=$	12) $\frac{3}{5}:\frac{5}{6}=$	11) $\frac{3}{15}-\frac{3}{25}=$	12) $\frac{4}{7}\cdot\frac{6}{7}=$	11) $\frac{2}{25}$	12) $\frac{24}{49}$

Jochen Sven Wild: Fit in Mathe durch Ping-Pong-Bögen · Best.-Nr. 722 © Brigg Pädagogik Verlag GmbH, Augsburg

7.1 Ping-Pong-Bogen – Bruchzahlen → Dezimalzahlen

Du bist **A**. Dein Partner B stellt dir eine Aufgabe, die du auch auf deinem Zettel findest (Aufgabe für A). B hat neben der Aufgabe die Lösung zum Vergleichen stehen. Anschließend stellst du deinem Partner eine Aufgabe (Aufgabe für B). In der letzten Spalte findest du zum Vergleichen die Lösung (Lösung für B). So geht es immer hin und her.

Aufgabe für A		Aufgabe für B		Lösung für B	
1) $\dfrac{3}{100} =$	2) $\dfrac{1}{2} =$	1) $\dfrac{7}{10} =$	2) $\dfrac{3}{5} =$	1) 0,7	2) 0,6
3) $\dfrac{7}{20} =$	4) $\dfrac{1}{4} =$	3) $\dfrac{3}{4} =$	4) $\dfrac{27}{50} =$	3) 0,75	4) 0,54
5) $\dfrac{53}{1000} =$	6) $\dfrac{3}{25} =$	5) $\dfrac{12}{20} =$	6) $\dfrac{7}{100} =$	5) 0,6	6) 0,07
7) $\dfrac{14}{20} =$	8) $\dfrac{1}{8} =$	7) $\dfrac{11}{20} =$	8) $\dfrac{41}{1000} =$	7) 0,55	8) 0,041
9) $\dfrac{17}{25} =$	10) $\dfrac{18}{30} =$	9) $\dfrac{3}{40} =$	10) $\dfrac{5}{8} =$	9) 0,075	10) 0,625
11) $\dfrac{9}{40} =$	12) $\dfrac{15}{8} =$	11) $\dfrac{8}{250} =$	12) $\dfrac{15}{12} =$	11) 0,032	12) 1,25

7.1 Ping-Pong-Bogen – Bruchzahlen → Dezimalzahlen

Du bist **B**. Du stellst deinem Partner A die erste Aufgabe, die du auch auf deinem Zettel findest (Aufgabe für A). Daneben steht zur Kontrolle die Lösung der Aufgabe. Anschließend stellt dir dein Partner eine Aufgabe (Aufgabe für B). So geht es immer hin und her.

Aufgabe für B		Aufgabe für A		Lösung für A	
1) $\dfrac{7}{10} =$	2) $\dfrac{3}{5} =$	1) $\dfrac{3}{100} =$	2) $\dfrac{1}{2} =$	1) 0,03	2) 0,5
3) $\dfrac{3}{4} =$	4) $\dfrac{27}{50} =$	3) $\dfrac{7}{20} =$	4) $\dfrac{1}{4} =$	3) 0,35	4) 0,25
5) $\dfrac{12}{20} =$	6) $\dfrac{7}{100} =$	5) $\dfrac{53}{1000} =$	6) $\dfrac{3}{25} =$	5) 0,053	6) 0,12
7) $\dfrac{11}{20} =$	8) $\dfrac{41}{1000} =$	7) $\dfrac{14}{20} =$	8) $\dfrac{1}{8} =$	7) 0,7	8) 0,125
9) $\dfrac{3}{40} =$	10) $\dfrac{5}{8} =$	9) $\dfrac{17}{25} =$	10) $\dfrac{18}{30} =$	9) 0,68	10) 0,6
11) $\dfrac{8}{250} =$	12) $\dfrac{15}{12} =$	11) $\dfrac{9}{40} =$	12) $\dfrac{15}{8} =$	11) 0,225	12) 1,875

7.2 Ping-Pong-Bogen – Dezimalzahlen → Brüche

Du bist **A**. Dein Partner B stellt dir eine Aufgabe, die du auch auf deinem Zettel findest (Aufgabe für A). B hat neben der Aufgabe die Lösung zum Vergleichen stehen. Anschließend stellst du deinem Partner eine Aufgabe (Aufgabe für B). In der letzten Spalte findest du zum Vergleichen die Lösung (Lösung für B). So geht es immer hin und her.

Aufgabe für A		Aufgabe für B		Lösung für B	
1) 0,4	2) 0,35	1) 0,5	2) 0,75	1) $\dfrac{1}{2}$	2) $\dfrac{3}{4}$
3) 0,25	4) 0,05	3) 0,8	4) 0,22	3) $\dfrac{4}{5}$	4) $\dfrac{11}{50}$
5) 0,48	6) 0,11	5) 0,15	6) 0,28	5) $\dfrac{3}{20}$	6) $\dfrac{7}{25}$
7) 0,125	8) 0,007	7) 0,009	8) 0,17	7) $\dfrac{9}{1000}$	8) $\dfrac{17}{100}$
9) 0,002	10) 0,123	9) 0,375	10) 0,377	9) $\dfrac{3}{8}$	10) $\dfrac{377}{1000}$
11) 0,055	12) 0,0016	11) 0,0006	12) 0,025	11) $\dfrac{3}{5000}$	12) $\dfrac{1}{40}$

7.2 Ping-Pong-Bogen – Dezimalzahlen → Brüche

Du bist **B**. Du stellst deinem Partner A die erste Aufgabe, die du auch auf deinem Zettel findest (Aufgabe für A). Daneben steht zur Kontrolle die Lösung der Aufgabe. Anschließend stellt dir dein Partner eine Aufgabe (Aufgabe für B). So geht es immer hin und her.

Aufgabe für B		Aufgabe für A		Lösung für A	
1) 0,5	2) 0,75	1) 0,4	2) 0,35	1) $\dfrac{2}{5}$	2) $\dfrac{7}{20}$
3) 0,8	4) 0,22	3) 0,25	4) 0,05	3) $\dfrac{1}{4}$	4) $\dfrac{1}{20}$
5) 0,15	6) 0,28	5) 0,48	6) 0,11	5) $\dfrac{12}{25}$	6) $\dfrac{11}{100}$
7) 0,009	8) 0,17	7) 0,125	8) 0,007	7) $\dfrac{1}{8}$	8) $\dfrac{7}{1000}$
9) 0,375	10) 0,377	9) 0,002	10) 0,123	9) $\dfrac{1}{500}$	10) $\dfrac{123}{1000}$
11) 0,0006	12) 0,025	11) 0,055	12) 0,0016	11) $\dfrac{11}{200}$	12) $\dfrac{1}{625}$

Jochen Sven Wild: Fit in Mathe durch Ping-Pong-Bögen · Best.-Nr. 722 © Brigg Pädagogik Verlag GmbH, Augsburg

7.3 Ping-Pong-Bogen – Runden von Dezimalzahlen

Du bist **A**. Dein Partner B stellt dir eine Aufgabe, die du auch auf deinem Zettel findest (Aufgabe für A). B hat neben der Aufgabe die Lösung zum Vergleichen stehen. Anschließend stellst du deinem Partner eine Aufgabe (Aufgabe für B). In der letzten Spalte findest du zum Vergleichen die Lösung (Lösung für B). So geht es immer hin und her.

	Aufgabe für A	Aufgabe für B	Lösung für B
1)	5,16 auf Zehntel	4,509 auf Hundertstel	4,51
2)	437,572 auf Hundertstel	916,6786 auf Tausendstel	916,679
3)	9,6898 auf Tausendstel	916,6786 auf Zehntel	916,7
4)	6,23834 auf Zehntel	9,734 auf Ganze	10
5)	7,49 auf Zehntel	99,4999 auf Tausendstel	99,500
6)	7,49 auf Ganze	99,4999 auf Zehntel	99,5
7)	1,31654 auf Tausendstel	842,99 auf Zehntel	843,0
8)	7,0953 auf Hundertstel	3,3509 auf Tausendstel	3,351
9)	99,9501 Zehntel	19,2891 auf Hundertstel	19,29
10)	35,65 auf Ganze	19,2891 auf Ganze	19
11)	5,25277 auf Zehntel	58,1492 auf Hundertstel	58,15
12)	5,25277 auf Tausendstel	43,8995 auf Tausendstel	43,900

7.3 Ping-Pong-Bogen – Runden von Dezimalzahlen

Du bist **B**. Du stellst deinem Partner A die erste Aufgabe, die du auch auf deinem Zettel findest (Aufgabe für A). Daneben steht zur Kontrolle die Lösung der Aufgabe. Anschließend stellt dir dein Partner eine Aufgabe (Aufgabe für B). So geht es immer hin und her.

	Aufgabe für B	Aufgabe für A	Lösung für A
1)	4,509 auf Hundertstel	5,16 auf Zehntel	5,2
2)	916,6786 auf Tausendstel	437,572 auf Hundertstel	437,57
3)	916,6786 auf Zehntel	9,6898 auf Tausendstel	9,690
4)	9,734 auf Ganze	6,23834 auf Zehntel	6,2
5)	99,4999 auf Tausendstel	7,49 auf Zehntel	7,5
6)	99,4999 auf Zehntel	7,49 auf Ganze	7
7)	842,99 auf Zehntel	1,31654 auf Tausendstel	1,317
8)	3,3509 auf Tausendstel	7,0953 auf Hundertstel	7,10
9)	19,2891 auf Hundertstel	99,9501 Zehntel	100,0
10)	19,2891 auf Ganze	35,65 auf Ganze	36
11)	58,1492 auf Hundertstel	5,25277 auf Zehntel	5,3
12)	43,8995 auf Tausendstel	5,25277 auf Tausendstel	5,253

7.4 Ping-Pong-Bogen – Addieren und Subtrahieren von Dezimalzahlen

Du bist **A**. Dein Partner B stellt dir eine Aufgabe, die du auch auf deinem Zettel findest (Aufgabe für A). B hat neben der Aufgabe die Lösung zum Vergleichen stehen. Anschließend stellst du deinem Partner eine Aufgabe (Aufgabe für B). In der letzten Spalte findest du zum Vergleichen die Lösung (Lösung für B). So geht es immer hin und her.

	Aufgabe für A	Aufgabe für B	Lösung für B
1)	2,6 – 1,3 =	2,2 + 1,5 =	3,7
2)	2,2 + 1,9 =	4,8 – 1,5 =	3,3
3)	3,3 – 1,9 =	3,6 – 2,7 =	0,9
4)	3,5 + 1,48 =	0,95 + 0,5 =	1,45
5)	1 – 0,05 =	2 – 0,066 =	1,934
6)	0,49 + 0,09 =	0,49 + 0,049 =	0,539
7)	1,02 – 0,2 =	3,6 – 2,71 =	0,89
8)	10,79 + 1,24 =	1,95 + 0,066 =	2,016
9)	11,32 + 1,808 =	2,05 – 0,066 =	1,984
10)	15,5 – 1,65 =	14,4 + 1,85 =	16,25
11)	1,888 – 1,088 =	1,605 + 0,433 =	2,038
12)	1,379 + 1,666 =	1,234 – 0,325 =	0,909

7.4 Ping-Pong-Bogen – Addieren und Subtrahieren von Dezimalzahlen

Du bist **B**. Du stellst deinem Partner A die erste Aufgabe, die du auch auf deinem Zettel findest (Aufgabe für A). Daneben steht zur Kontrolle die Lösung der Aufgabe. Anschließend stellt dir dein Partner eine Aufgabe (Aufgabe für B). So geht es immer hin und her.

	Aufgabe für B	Aufgabe für A	Lösung für A
1)	2,2 + 1,5 =	2,6 – 1,3 =	1,3
2)	4,8 – 1,5 =	2,2 + 1,9 =	4,1
3)	3,6 – 2,7 =	3,3 – 1,9 =	1,4
4)	0,95 + 0,5 =	3,5 + 1,48 =	4,98
5)	2 – 0,066 =	1 – 0,05 =	0,95
6)	0,49 + 0,049 =	0,49 + 0,09 =	0,58
7)	3,6 – 2,71 =	1,02 – 0,2 =	0,82
8)	1,95 + 0,066 =	10,79 + 1,24 =	12,03
9)	2,05 – 0,066 =	11,32 + 1,808 =	13,128
10)	14,4 + 1,85 =	15,5 – 1,65 =	13,85
11)	1,605 + 0,433 =	1,888 – 1,088 =	0,8
12)	1,234 – 0,325 =	1,379 + 1,666 =	3,045

Jochen Sven Wild: Fit in Mathe durch Ping-Pong-Bögen · Best.-Nr. 722 © Brigg Pädagogik Verlag GmbH, Augsburg

7.5 Ping-Pong-Bogen – Multiplizieren von Dezimalzahlen

Du bist **A**. Dein Partner B stellt dir eine Aufgabe, die du auch auf deinem Zettel findest (Aufgabe für A). B hat neben der Aufgabe die Lösung zum Vergleichen stehen. Anschließend stellst du deinem Partner eine Aufgabe (Aufgabe für B). In der letzten Spalte findest du zum Vergleichen die Lösung (Lösung für B). So geht es immer hin und her.

	Aufgabe für A	Aufgabe für B	Lösung für B
1)	$8 \cdot 0,3 =$	$0,7 \cdot 4 =$	2,8
2)	$1,2 \cdot 1,2 =$	$0,5 \cdot 0,1$	0,05
3)	$6 \cdot 1,4 =$	$1,6 \cdot 1,6 =$	2,56
4)	$3,4 \cdot 0,3 =$	$5 \cdot 1,5 =$	7,5
5)	$0,01 \cdot 0,01 =$	$0,002 \cdot 0,5 =$	0,001
6)	$1,8 \cdot 0,18 =$	$2,5 \cdot 1,6 =$	4
7)	$0,04 \cdot 0,15 =$	$0,004 \cdot 0,04$	0,00016
8)	$0,12 \cdot 2,3 =$	$0,11 \cdot 2,4 =$	0,264
9)	$4,3 \cdot 0,6 =$	$5,7 \cdot 0,4 =$	2,28
10)	$15,2 \cdot 0,5 =$	$164 \cdot 0,02 =$	3,28
11)	$0,4 \cdot 0,6 \cdot 0,7 =$	$0,3 \cdot 0,5 \cdot 0,7 =$	0,105
12)	$1,2 \cdot 0,11 \cdot 0,005 =$	$0,2 \cdot 0,015 \cdot 2,4 =$	0,0072

7.5 Ping-Pong-Bogen – Multiplizieren von Dezimalzahlen

Du bist **B**. Du stellst deinem Partner A die erste Aufgabe, die du auch auf deinem Zettel findest (Aufgabe für A). Daneben steht zur Kontrolle die Lösung der Aufgabe. Anschließend stellt dir dein Partner eine Aufgabe (Aufgabe für B). So geht es immer hin und her.

	Aufgabe für B	Aufgabe für A	Lösung für A
1)	$0,7 \cdot 4 =$	$8 \cdot 0,3 =$	2,4
2)	$0,5 \cdot 0,1$	$1,2 \cdot 1,2 =$	1,44
3)	$1,6 \cdot 1,6 =$	$6 \cdot 1,4 =$	8,4
4)	$5 \cdot 1,5 =$	$3,4 \cdot 0,3 =$	1,02
5)	$0,002 \cdot 0,5 =$	$0,01 \cdot 0,01 =$	0,0001
6)	$2,5 \cdot 1,6 =$	$1,8 \cdot 0,18 =$	0,324
7)	$0,004 \cdot 0,04$	$0,04 \cdot 0,15 =$	0,006
8)	$0,11 \cdot 2,4 =$	$0,12 \cdot 2,3 =$	0,276
9)	$5,7 \cdot 0,4 =$	$4,3 \cdot 0,6 =$	2,58
10)	$164 \cdot 0,02 =$	$15,2 \cdot 0,5 =$	7,6
11)	$0,3 \cdot 0,5 \cdot 0,7 =$	$0,4 \cdot 0,6 \cdot 0,7 =$	0,168
12)	$0,2 \cdot 0,015 \cdot 2,4 =$	$1,2 \cdot 0,11 \cdot 0,005 =$	0,00066

7.6 Ping-Pong-Bogen – Dezimalzahlen beim Dividieren mit natürlichen Zahlen

Du bist **A**. Dein Partner B stellt dir eine Aufgabe, die du auch auf deinem Zettel findest (Aufgabe für A). B hat neben der Aufgabe die Lösung zum Vergleichen stehen. Anschließend stellst du deinem Partner eine Aufgabe (Aufgabe für B). In der letzten Spalte findest du zum Vergleichen die Lösung (Lösung für B). So geht es immer hin und her.

	Aufgabe für A	Aufgabe für B	Lösung für B
1)	1 : 4 =	1 : 5 =	0,2
2)	2 : 10 =	3 : 4 =	0,75
3)	4 : 5 =	7 : 10 =	0,7
4)	6 : 100 =	4 : 16 =	0,25
5)	7 : 14 =	15 : 100 =	0,15
6)	3 : 12 =	3 : 6 =	0,5
7)	23 : 1000 =	14 : 20 =	0,7
8)	3 : 200 =	176 : 1000 =	0,176
9)	28 : 20 =	12 : 40 =	0,3
10)	32 : 500 =	7 : 200 =	0,035
11)	18 : 40 =	304 : 500 =	0,608
12)	3 : 8 =	5 : 8 =	0,625

7.6 Ping-Pong-Bogen – Dezimalzahlen beim Dividieren mit natürlichen Zahlen

Du bist **B**. Du stellst deinem Partner A die erste Aufgabe, die du auch auf deinem Zettel findest (Aufgabe für A). Daneben steht zur Kontrolle die Lösung der Aufgabe. Anschließend stellt dir dein Partner eine Aufgabe (Aufgabe für B). So geht es immer hin und her.

	Aufgabe für B	Aufgabe für A	Lösung für A
1)	1 : 5 =	1 : 4 =	0,25
2)	3 : 4 =	2 : 10 =	0,2
3)	7 : 10 =	4 : 5 =	0,8
4)	4 : 16 =	6 : 100 =	0,06
5)	15 : 100 =	7 : 14 =	0,5
6)	3 : 6 =	3 : 12 =	0,25
7)	14 : 20 =	23 : 1000 =	0,023
8)	176 : 1000 =	3 : 200 =	0,015
9)	12 : 40 =	28 : 20 =	1,4
10)	7 : 200 =	32 : 500 =	0,064
11)	304 : 500 =	18 : 40 =	0,45
12)	5 : 8 =	3 : 8 =	0,375

Jochen Sven Wild: Fit in Mathe durch Ping-Pong-Bögen · Best.-Nr. 722 © Brigg Pädagogik Verlag GmbH, Augsburg

7.7 Ping-Pong-Bogen – Dividieren von Dezimalzahlen durch Dezimalzahlen

Du bist **A**. Dein Partner B stellt dir eine Aufgabe, die du auch auf deinem Zettel findest (Aufgabe für A). B hat neben der Aufgabe die Lösung zum Vergleichen stehen. Anschließend stellst du deinem Partner eine Aufgabe (Aufgabe für B). In der letzten Spalte findest du zum Vergleichen die Lösung (Lösung für B). So geht es immer hin und her.

	Aufgabe für A	Aufgabe für B	Lösung für B
1)	20 : 8 =	30 : 4 =	7,5
2)	20 : 0,8 =	30 : 40 =	0,75
3)	20 : 80 =	30 : 0,4 =	75
4)	0,12 : 3 =	0,24 : 4 =	0,06
5)	12,8 : 3,2 =	1,44 : 12 =	0,12
6)	0,036 : 2 =	0,14 : 2 =	0,07
7)	1,69 : 1,3 =	5,4 : 0,6 =	9
8)	0,48 : 1,2 =	0,63 : 0,9 =	0,7
9)	5,2 : 20 =	0,121 : 0,11 =	1,1
10)	0,036 : 0,09 =	0,0324 : 1,8 =	0,018
11)	0,225 : 0,15 =	0,0028 : 0,04 =	0,07
12)	1,54 : 0,014 =	19,2 : 0,012 =	1600

 -

7.7 Ping-Pong-Bogen – Dividieren von Dezimalzahlen durch Dezimalzahlen

Du bist **B**. Du stellst deinem Partner A die erste Aufgabe, die du auch auf deinem Zettel findest (Aufgabe für A). Daneben steht zur Kontrolle die Lösung der Aufgabe. Anschließend stellt dir dein Partner eine Aufgabe (Aufgabe für B). So geht es immer hin und her.

	Aufgabe für B	Aufgabe für A	Lösung für A
1)	30 : 4 =	20 : 8 =	2,5
2)	30 : 40 =	20 : 0,8 =	25
3)	30 : 0,4 =	20 : 80 =	0,25
4)	0,24 : 4 =	0,12 : 3 =	0,04
5)	1,44 : 12 =	12,8 : 3,2 =	4
6)	0,14 : 2 =	0,036 : 2 =	0,018
7)	5,4 : 0,6 =	1,69 : 1,3 =	1,3
8)	0,63 : 0,9 =	0,48 : 1,2 =	0,4
9)	0,121 : 0,11 =	5,2 : 20 =	0,26
10)	0,0324 : 1,8 =	0,036 : 0,09 =	0,4
11)	0,0028 : 0,04 =	0,225 : 0,15 =	1,5
12)	19,2 : 0,012 =	1,54 : 0,014 =	110

7.8 Ping-Pong-Bogen – Vermischte Aufgaben

Du bist **A**. Dein Partner B stellt dir eine Aufgabe, die du auch auf deinem Zettel findest (Aufgabe für A). B hat neben der Aufgabe die Lösung zum Vergleichen stehen. Anschließend stellst du deinem Partner eine Aufgabe (Aufgabe für B). In der letzten Spalte findest du zum Vergleichen die Lösung (Lösung für B). So geht es immer hin und her.

	Aufgabe für A	Aufgabe für B	Lösung für B
1)	$0{,}43 + 0{,}58 =$	$1{,}3 \cdot 0{,}7 =$	0,91
2)	$5 : 25 =$	$8{,}7 - 6{,}6 =$	2,1
3)	$1 - 0{,}73 =$	$0{,}55 + 1{,}99 =$	2,54
4)	$1{,}2 \cdot 6 =$	$4 : 16 =$	0,25
5)	$6{,}8 + 0{,}45 =$	$1{,}6 \cdot 0{,}11$	0,176
6)	$1{,}04 : 4 =$	$15{,}1 - 0{,}78 =$	14,32
7)	$0{,}175 - 0{,}087 =$	$7{,}8 : 6 =$	1,3
8)	$1{,}3 \cdot 1{,}5 =$	$0{,}93 + 0{,}084 =$	1,014
9)	$0{,}14 \cdot 0{,}3 =$	$1{,}35 : 0{,}9 =$	1,5
10)	$0{,}54 : 18 =$	$0{,}07 \cdot 0{,}08 =$	0,0056
11)	$1{,}25 \cdot 0{,}08 =$	$1{,}1 : 0{,}05 =$	22
12)	$0{,}024 \cdot 0{,}3$	$0{,}26 \cdot 1{,}3 =$	0,338

7.8 Ping-Pong-Bogen – Vermischte Aufgaben

Du bist **B**. Du stellst deinem Partner A die erste Aufgabe, die du auch auf deinem Zettel findest (Aufgabe für A). Daneben steht zur Kontrolle die Lösung der Aufgabe. Anschließend stellt dir dein Partner eine Aufgabe (Aufgabe für B). So geht es immer hin und her.

	Aufgabe für B	Aufgabe für A	Lösung für A
1)	$1{,}3 \cdot 0{,}7 =$	$0{,}43 + 0{,}58 =$	1,01
2)	$8{,}7 - 6{,}6 =$	$5 : 25 =$	0,2
3)	$0{,}55 + 1{,}99 =$	$1 - 0{,}73 =$	0,27
4)	$4 : 16 =$	$1{,}2 \cdot 6 =$	7,2
5)	$1{,}6 \cdot 0{,}11$	$6{,}8 + 0{,}45 =$	7,25
6)	$15{,}1 - 0{,}78 =$	$1{,}04 : 4 =$	0,26
7)	$7{,}8 : 6 =$	$0{,}175 - 0{,}087 =$	0,088
8)	$0{,}93 + 0{,}084 =$	$1{,}3 \cdot 1{,}5 =$	1,95
9)	$1{,}35 : 0{,}9 =$	$0{,}14 \cdot 0{,}3 =$	0,042
10)	$0{,}07 \cdot 0{,}08 =$	$0{,}54 : 18 =$	0,03
11)	$1{,}1 : 0{,}05 =$	$1{,}25 \cdot 0{,}08 =$	0,1
12)	$0{,}26 \cdot 1{,}3 =$	$0{,}024 \cdot 0{,}3$	0,0072

Jochen Sven Wild: Fit in Mathe durch Ping-Pong-Bögen · Best.-Nr. 722 © Brigg Pädagogik Verlag GmbH, Augsburg

8.1 Ping-Pong-Bogen – Rationale Zahlen (Addition)

Du bist **A**. Dein Partner B stellt dir eine Aufgabe, die du auch auf deinem Zettel findest (Aufgabe für A). B hat neben der Aufgabe die Lösung zum Vergleichen stehen. Anschließend stellst du deinem Partner eine Aufgabe (Aufgabe für B). In der letzten Spalte findest du zum Vergleichen die Lösung (Lösung für B). So geht es abwechselnd immer hin und her.

	Aufgabe für A	Aufgabe für B	Lösung für B
1)	(–17) + 23	5 + (–14)	–9
2)	(–63) + (–17)	(–33) + (–37)	–70
3)	94 + 48	(–15) + 24	9
4)	1,24 + (–0,35)	(–1,35) + 1,44	0,09
5)	12 + (–19)	26 + 77	103
6)	18 + (–18)	28 + (–38)	–10
7)	9,2 + (–1,9)	1,2 + (–0,9)	0,3
8)	(–5,3) + (–5,4)	(–3,3) + (–1,4)	–4,7
9)	(–7,9) + 12,8	2,8 + (–7,9)	–5,1
10)	(–9) + 21 + (–13)	(–0,9) + (–1,3) + 10	7,8
11)	0,09 + (–0,05) + (–0,05)	(–0,6) + (–0,8) + 2,2	0,8
12)	(–3,8) + 3,6 + (–2,7)	(–2,8) + 0,6 + (–2,7)	–4,9

8.1 Ping-Pong-Bogen – Rationale Zahlen (Addition)

Du bist **B**. Du stellst Partner A die erste Aufgabe, die du auch auf deinem Zettel findest (Aufgabe für A). Daneben steht zur Kontrolle die Lösung der Aufgabe. Anschließend stellt dein Partner dir eine Aufgabe (Aufgabe für B). So geht es abwechselnd immer hin und her.

	Aufgabe für B	Aufgabe für A	Lösung für A
1)	5 + (–14)	(–17) + 23	6
2)	(–33) + (–37)	(–63) + (–17)	–80
3)	(–15) + 24	94 + 48	142
4)	(–1,35) + 1,44	1,24 + (–0,35)	0,89
5)	26 + 77	12 + (–19)	–7
6)	28 + (–38)	18 + (–18)	0
7)	1,2 + (–0,9)	9,2 + (–1,9)	7,3
8)	(–3,3) + (–1,4)	(–5,3) + (–5,4)	–10,7
9)	2,8 + (–7,9)	(–7,9) + 12,8	4,9
10)	(–0,9) + (–1,3) + 10	(–9) + 21 + (–13)	–1
11)	(–0,6) + (–0,8) + 2,2	0,09 + (–0,05) + (–0,05)	–0,01
12)	(–2,8) + 0,6 + (–2,7)	(–3,8) + 3,6 + (–2,7)	–2,9

8.2 Ping-Pong-Bogen – Rationale Zahlen (Subtraktion)

Du bist **A**. Dein Partner B stellt dir eine Aufgabe, die du auch auf deinem Zettel findest (Aufgabe für A). B hat neben der Aufgabe die Lösung zum Vergleichen stehen. Anschließend stellst du deinem Partner eine Aufgabe (Aufgabe für B). In der letzten Spalte findest du zum Vergleichen die Lösung (Lösung für B). So geht es abwechselnd immer hin und her.

	Aufgabe für A	Aufgabe für B	Lösung für B
1)	(–17) – 33	15 – (–18)	33
2)	(–23) – (–17)	(–33) – 47	–80
3)	98 – 44	(–19) – (– 24)	5
4)	(–2,4) – (–0,35)	(–1,35) – (–1,54)	0,19
5)	(–32) – 19	26 – 77	–51
6)	(–38) – (–29)	(–28) – (–28)	0
7)	9,2 – (–3,8)	2,2 – (–0,9)	3,1
8)	(–8,3) – (–8,4)	(–13,3) – 1,4	–14,
9)	(–9) – (–12,8)	(–2,8) – 7,9	–10,7
10)	(–19) – 42– (–23)	1,9 – (–1,3) – 10,5	–7,3
11)	0,09 – (–0,19) – (–0,05)	(–6) – 8 – (–22)	8
12)	(–38) – 6 – (–27)	(–1,8) – 1,6 – (–1,7)	–1,7

8.2 Ping-Pong-Bogen – Rationale Zahlen (Subtraktion)

Du bist **B**. Du stellst Partner A die erste Aufgabe, die du auch auf deinem Zettel findest (Aufgabe für A). Daneben steht zur Kontrolle die Lösung der Aufgabe. Anschließend stellt du dein Partner dir eine Aufgabe (Aufgabe für B). So geht es abwechselnd immer hin und her.

	Aufgabe für B	Aufgabe für A	Lösung für A
1)	15 – (–18)	(–17) – 33	–50
2)	(–33) – 47	(–23) – (–17)	–6
3)	(–19) – (– 24)	98 – 44	54
4)	(–1,35) – (–1,54)	(–2,4) – (–0,35)	–2,05
5)	26 – 77	(–32) – 19	–51
6)	(–28) – (–28)	(–38) – (–29)	–9
7)	2,2 – (–0,9)	9,2 – (–3,8)	13
8)	(–13,3) – 1,4	(–8,3) – (–8,4)	0,1
9)	(–2,8) – 7,9	(–9) – (–12,8)	3,8
10)	1,9 – (–1,3) – 10,5	(–19) – 42– (–23)	–38
11)	(–6) – 8 – (–22)	0,09 – (–0,19) – (–0,05)	0,33
12)	(–1,8) – 1,6 – (–1,7)	(–38) – 6 – (–27)	–17

Jochen Sven Wild: Fit in Mathe durch Ping-Pong-Bögen · Best.-Nr. 722 © Brigg Pädagogik Verlag GmbH, Augsburg

8.3 Ping-Pong-Bogen – Rationale Zahlen (Addition und Subtraktion)

Du bist **A**. Dein Partner B stellt dir eine Aufgabe, die du auch auf deinem Zettel findest (Aufgabe für A). B hat neben der Aufgabe die Lösung zum Vergleichen stehen. Anschließend stellst du deinem Partner eine Aufgabe (Aufgabe für B). In der letzten Spalte findest du zum Vergleichen die Lösung (Lösung für B). So geht es abwechselnd immer hin und her.

	Aufgabe für A	Aufgabe für B	Lösung für B
1)	(–47) – 33	25 + (–18)	7
2)	(–2,3) + (–2,7)	(–23) – (–67)	44
3)	(–1,8) – 4	(–29) – (– 24)	–5
4)	(–33) + (–6,7)	(–35) + (–54)	–89
5)	(–19) – (–42)	66 – (–77)	143
6)	(–54) + (–55)	(–82) + 28	–54
7)	46 – (–81)	(–12,2) – (–1,9)	–10,3
8)	(–9,33) + 0,34	1,3 – (–1,4)	2,7
9)	(–1,8) – (–7,9)	(–1,8) + (–7,9)	–9,7
10)	19 – (–23)+(–10)	9 + (–23) – (–10)	–4
11)	(–6,5) – 8,2 – (–0,8)	(–1,6) – 8,2 – (–9,8)	0
12)	81 – (–26) + 72	1,8 – (–1,6) – 7,2	–3,8

8.3 Ping-Pong-Bogen – Rationale Zahlen (Addition und Subtraktion)

Du bist **B**. Du stellst Partner A die erste Aufgabe, die du auch auf deinem Zettel findest (Aufgabe für A). Daneben steht zur Kontrolle die Lösung der Aufgabe. Anschließend stellt dein Partner dir eine Aufgabe (Aufgabe für B). So geht es abwechselnd immer hin und her.

	Aufgabe für B	Aufgabe für A	Lösung für A
1)	25 + (–18)	(–47) – 33	–80
2)	(–23) – (–67)	(–2,3) + (–2,7)	–5
3)	(–29) – (– 24)	(–1,8) – 4	–5,8
4)	(–35) + (–54)	(–33) + (–6,7)	–39,7
5)	66 – (–77)	(–19) – (–42)	23
6)	(–82) + 28	(–54) + (–55)	–109
7)	(–12,2) – (–1,9)	46 – (–81)	127
8)	1,3 – (–1,4)	(–9,33) + 0,34	–8,99
9)	(–1,8) + (–7,9)	(–1,8) – (–7,9)	6,1
10)	9 + (–23) – (–10)	19 – (–23)+(–10)	32
11)	(–1,6) – 8,2 – (–9,8)	(–6,5) – 8,2 – (–0,8)	–13,9
12)	1,8 – (–1,6) – 7,2	81 – (–26) + 72	179

8.4 Ping-Pong-Bogen – Rationale Zahlen (Multiplikation)

Du bist **A**. Dein Partner B stellt dir eine Aufgabe, die du auch auf deinem Zettel findest (Aufgabe für A). B hat neben der Aufgabe die Lösung zum Vergleichen stehen. Anschließend stellst du deinem Partner eine Aufgabe (Aufgabe für B). In der letzten Spalte findest du zum Vergleichen die Lösung (Lösung für B). So geht es abwechselnd immer hin und her.

	Aufgabe für A	**Aufgabe für B**	**Lösung für B**
1)	8 · (– 8)	(–7) · (– 9)	63
2)	(–16) · (– 3)	16 · (– 3)	–48
3)	(–10) · (–17)	(–16) · (– 16)	256
4)	9 · (–1,1)	(–1,4) · 5	–7
5)	12 · (–12)	20 · (– 20)	–400
6)	(–0,02) · (– 0,2)	(–0,7) · (– 0,5)	0,35
7)	18 · 18	0,01 · 0,01	0,0001
8)	2,9 · (–0,4)	(–2,3) · (–0,3)	0,69
9)	(–8) · (–3,1)	(–1,8) · (– 11)	19,8
10)	3 · (–5) · (–6)	(–4) · (–5) · (–6)	–120
11)	(–1,5) · (–4) · (–0,5)	(–1,2) · 5 · (–0,4)	2,4
12)	(–10) · (–10) · (–10)	(–1) · (–1) · (–1) · (–1)	1

8.4 Ping-Pong-Bogen – Rationale Zahlen (Multiplikation)

Du bist **B**. Du stellst Partner A die erste Aufgabe, die du auch auf deinem Zettel findest (Aufgabe für A). Daneben steht zur Kontrolle die Lösung der Aufgabe. Anschließend stellt dein Partner dir eine Aufgabe (Aufgabe für B). So geht es abwechselnd immer hin und her.

	Aufgabe für B	**Aufgabe für A**	**Lösung für A**
1)	(–7) · (– 9)	8 · (– 8)	–64
2)	16 · (– 3)	(–16) · (– 3)	48
3)	(–16) · (– 16)	(–10) · (–17)	170
4)	(–1,4) · 5	9 · (–1,1)	–9,9
5)	20 · (– 20)	12 · (–12)	–144
6)	(–0,7) · (– 0,5)	(–0,02) · (– 0,2)	0,004
7)	0,01 · 0,01	18 · 18	324
8)	(–2,3) · (–0,3)	2,9 · (–0,4)	–1,16
9)	(–1,8) · (– 11)	(–8) · (–3,1)	24,8
10)	(–4) · (–5) · (–6)	3 · (–5) · (–6)	90
11)	(–1,2) · 5 · (–0,4)	(–1,5) · (–4) · (–0,5)	–3
12)	(–1) · (–1) · (–1) · (–1)	(–10) · (–10) · (–10)	–1000

Jochen Sven Wild: Fit in Mathe durch Ping-Pong-Bögen · Best.-Nr. 722 © Brigg Pädagogik Verlag GmbH, Augsburg

8.5 Ping-Pong-Bogen – Rationale Zahlen (Division)

Du bist **A**. Dein Partner B stellt dir eine Aufgabe, die du auch auf deinem Zettel findest (Aufgabe für A). B hat neben der Aufgabe die Lösung zum Vergleichen stehen. Anschließend stellst du deinem Partner eine Aufgabe (Aufgabe für B). In der letzten Spalte findest du zum Vergleichen die Lösung (Lösung für B). So geht es abwechselnd immer hin und her.

	Aufgabe für A	Aufgabe für B	Lösung für B
1)	(–24) : 2	(–42) : (–14)	3
2)	(–810) : (–9)	(–28) : 4	–7
3)	0,1 : (–10)	100 : (–20)	–5
4)	(–99) : (–3)	(–84) : (–4)	21
5)	144 : (–12)	73 : (–730)	–0,1
6)	(–550) : (–0,5)	(–28) : (–140)	0,2
7)	(–180) : 45	(–169) : 13	–13
8)	(–1,96) : (–14)	220 : (–0,5)	–440
9)	2 : (–0,01)	(–8,1) : (–0,09)	90
10)	(–0,005) : (–0,05)	(–0,01) : 2	–0,005
11)	(–0,0004) : (–2)	(–0,55) : (–0,05)	11
12)	(–22500) : 150	(–2000) : 0,001	–2000000

8.5 Ping-Pong-Bogen – Rationale Zahlen (Division)

Du bist **B**. Du stellst Partner A die erste Aufgabe, die du auch auf deinem Zettel findest (Aufgabe für A). Daneben steht zur Kontrolle die Lösung der Aufgabe. Anschließend stellt dein Partner dir eine Aufgabe (Aufgabe für B). So geht es abwechselnd immer hin und her.

	Aufgabe für B	Aufgabe für A	Lösung für A
1)	(–42) : (–14)	(–24) : 2	–12
2)	(–28) : 4	(–810) : (–9)	90
3)	100 : (–20)	0,1 : (–10)	–0,01
4)	(–84) : (–4)	(–99) : (–3)	33
5)	73 : (–730)	144 : (–12)	–12
6)	(–28) : (–140)	(–550) : (–0,5)	1100
7)	(–169) : 13	(–180) : 45	–4
8)	220 : (–0,5)	(–1,96) : (–14)	0,14
9)	(–8,1) : (–0,09)	2 : (–0,01)	–200
10)	(–0,01) : 2	(–0,005) : (–0,05)	0,1
11)	(–0,55) : (–0,05)	(–0,0004) : (–2)	0,0002
12)	(–2000) : 0,001	(–22500) : 150	–150

8.6 Ping-Pong-Bogen – Rationale Zahlen (Multiplikation und Division)

Du bist **A**. Dein Partner B stellt dir eine Aufgabe, die du auch auf deinem Zettel findest (Aufgabe für A). B hat neben der Aufgabe die Lösung zum Vergleichen stehen. Anschließend stellst du deinem Partner eine Aufgabe (Aufgabe für B). In der letzten Spalte findest du zum Vergleichen die Lösung (Lösung für B). So geht es abwechselnd immer hin und her.

	Aufgabe für A	Aufgabe für B	Lösung für B
1)	250 : (–5)	(–5) · (–5)	25
2)	(–24) · (–6)	(–81) : 9	–9
3)	(–160) : (–32)	10 · (– 0,5)	–5
4)	(–0,25) · 0,5	(–33) : (–3)	11
5)	1,2 · (– 0,3)	(–0,03) : (–3)	0,01
6)	(–640) : 8	(–0,15) · (– 1,5)	0,225
7)	30 · (–0,6)	2,1 · (– 0,5)	–1,05
8)	(–0,33) : (–11)	(–70) : (–14)	5
9)	(–3,24) : (–18)	0,005 · (– 0,005)	–0,000025
10)	(–8) · (–2) · (–5)	(–5) · 12 · (–3)	180
11)	(–3) · (–4) · 5 · (–8)	(–7) · (–3) · (–5) · (–4)	420
12)	5 · (–14) : (–28)	(–5) · (–28) : (–14)	–10

8.6 Ping-Pong-Bogen – Rationale Zahlen (Multiplikation und Division)

Du bist **B**. Du stellst Partner A die erste Aufgabe, die du auch auf deinem Zettel findest (Aufgabe für A). Daneben steht zur Kontrolle die Lösung der Aufgabe. Anschließend stellt dein Partner dir eine Aufgabe (Aufgabe für B). So geht es abwechselnd immer hin und her.

	Aufgabe für B	Aufgabe für A	Lösung für A
1)	(–5) · (–5)	250 : (–5)	–50
2)	(–81) : 9	(–24) · (–6)	144
3)	10 · (– 0,5)	(–160) : (–32)	5
4)	(–33) : (–3)	(–0,25) · 0,5	–0,125
5)	(–0,03) : (–3)	1,2 · (– 0,3)	–0,36
6)	(–0,15) · (– 1,5)	(–640) : 8	–80
7)	2,1 · (– 0,5)	30 · (–0,6)	–18
8)	(–70) : (–14)	(–0,33) : (–11)	0,03
9)	0,005 · (– 0,005)	(–3,24) : (–18)	0,18
10)	(–5) · 12 · (–3)	(–8) · (–2) · (–5)	–80
11)	(–7) · (–3) · (–5) · (–4)	(–3) · (–4) · 5 · (–8)	–480
12)	(–5) · (–28) : (–14)	5 · (–14) : (–28)	2,5

Jochen Sven Wild: Fit in Mathe durch Ping-Pong-Bögen · Best.-Nr. 722 © Brigg Pädagogik Verlag GmbH, Augsburg

8.7 Ping-Pong-Bogen – Rationale Zahlen (Vermischte Aufgaben)

Du bist **A**. Dein Partner B stellt dir eine Aufgabe, die du auch auf deinem Zettel findest (Aufgabe für A). B hat neben der Aufgabe die Lösung zum Vergleichen stehen. Anschließend stellst du deinem Partner eine Aufgabe (Aufgabe für B). In der letzten Spalte findest du zum Vergleichen die Lösung (Lösung für B). So geht es abwechselnd immer hin und her.

	Aufgabe für A	Aufgabe für B	Lösung für B
1)	$10 - (-8)$	$(-7) \cdot (-12)$	84
2)	$(-26) \cdot (-3)$	$16 + (-30)$	−14
3)	$(-10) + (-17)$	$(-21) : 21$	−1
4)	$9 : (-0,5)$	$(-1,4) - 5$	−6,4
5)	$1,2 - (-12)$	$17 \cdot (-17)$	−289
6)	$(-0,05) \cdot (-0,5)$	$0,07 + (-0,5)$	−0,43
7)	$(-28) : (-14)$	$0,03 \cdot (-0,03)$	−0,0009
8)	$0,29 + (-0,4)$	$(-6,3) : (-0,3)$	21
9)	$8 \cdot (-5,1)$	$(-1,8) - (-11)$	9,2
10)	$31 + (-45) + (-6)$	$(-4) + (-5,5) + 6$	−3,5
11)	$(-1,9) - 4 - (-2,3)$	$(-1,4) - 5 - (-6,4)$	0
12)	$(-9) \cdot (-5) \cdot (-2) \cdot 3$	$(-5) \cdot (-7) \cdot (-10) \cdot (-1)$	350

8.7 Ping-Pong-Bogen – Rationale Zahlen (Vermischte Aufgaben)

Du bist **B**. Du stellst Partner A die erste Aufgabe, die du auch auf deinem Zettel findest (Aufgabe für A). Daneben steht zur Kontrolle die Lösung der Aufgabe. Anschließend stellt dein Partner dir eine Aufgabe (Aufgabe für B). So geht es abwechselnd immer hin und her.

	Aufgabe für B	Aufgabe für A	Lösung für A
1)	$(-7) \cdot (-12)$	$10 - (-8)$	18
2)	$16 + (-30)$	$(-26) \cdot (-3)$	78
3)	$(-21) : 21$	$(-10) + (-17)$	−27
4)	$(-1,4) - 5$	$9 : (-0,5)$	−18
5)	$17 \cdot (-17)$	$1,2 - (-12)$	13,2
6)	$0,07 + (-0,5)$	$(-0,05) \cdot (-0,5)$	0,025
7)	$0,03 \cdot (-0,03)$	$(-28) : (-14)$	2
8)	$(-6,3) : (-0,3)$	$0,29 + (-0,4)$	−0,11
9)	$(-1,8) - (-11)$	$8 \cdot (-5,1)$	−40,8
10)	$(-4) + (-5,5) + 6$	$31 + (-45) + (-6)$	−20
11)	$(-1,4) - 5 - (-6,4)$	$(-1,9) - 4 - (-2,3)$	−3,6
12)	$(-5) \cdot (-7) \cdot (-10) \cdot (-1)$	$(-9) \cdot (-5) \cdot (-2) \cdot 3$	−270

9.1 Ping-Pong-Bogen – Prozentsatz

Du bist **A**. Dein Partner B stellt dir eine Aufgabe, die du auch auf deinem Zettel findest (Aufgabe für A). B hat neben der Aufgabe die Lösung zum Vergleichen stehen. Anschließend stellst du deinem Partner eine Aufgabe (Aufgabe für B). In der letzten Spalte findest du zum Vergleichen die Lösung (Lösung für B). So geht es abwechselnd immer hin und her.

	Aufgabe für A	Aufgabe für B	Lösung für B
1)	3 € von 15 € =	4 m von 20 m =	20 %
2)	2 kg von 20 kg =	15 € von 30 € =	50 %
3)	4 m von 50 m =	3 kg von 10 kg =	30 %
4)	40 cm von 40 m =	50 cm von 2 m =	25 %
5)	3 g von 3 kg =	9 dm von 20 m =	4,5 %
6)	36 s von 1 h =	330 m von 500 m =	66 %
7)	90 cm von 2 m =	48 min von 1 h =	80 %
8)	90 Ct von 15 € =	12 Ct von 6 € =	2 %
9)	90 Ct von 5 € =	4 dm von 1 km =	0,04 %
10)	18 m von 500 m =	330 g von 1 kg =	33 %
11)	24 s von 1 min =	18 min von 3 h =	10 %
12)	660 m von 2 km =	36 s von 2 min =	30 %

9.1 Ping-Pong-Bogen – Prozentsatz

Du bist **B**. Du stellst Partner A die erste Aufgabe, die du auch auf deinem Zettel findest (Aufgabe für A). Daneben steht zur Kontrolle die Lösung der Aufgabe. Anschließend stellt dein Partner dir eine Aufgabe (Aufgabe für B). So geht es abwechselnd immer hin und her.

	Aufgabe für B	Aufgabe für A	Lösung für A
1)	4 m von 20 m =	3 € von 15 € =	20 %
2)	15 € von 30 € =	2 kg von 20 kg =	10 %
3)	3 kg von 10 kg =	4 m von 50 m =	8 %
4)	50 cm von 2 m =	40 cm von 40 m =	1 %
5)	9 dm von 20 m =	3 g von 3 kg =	0,1 %
6)	330 m von 500 m =	36 s von 1 h =	1 %
7)	48 min von 1 h =	90 cm von 2 m =	45 %
8)	12 Ct von 6 € =	90 Ct von 15 € =	6 %
9)	4 dm von 1 km =	90 Ct von 5 € =	18 %
10)	330 g von 1 kg =	18 m von 500 m =	3,6 %
11)	18 min von 3 h =	24 s von 1 min =	40 %
12)	36 s von 2 min =	660 m von 2 km =	33 %

Jochen Sven Wild: Fit in Mathe durch Ping-Pong-Bögen · Best.-Nr. 722 © Brigg Pädagogik Verlag GmbH, Augsburg

9.2 Ping-Pong-Bogen – Prozentwert

Du bist **A**. Dein Partner B stellt dir eine Aufgabe, die du auch auf deinem Zettel findest (Aufgabe für A). B hat neben der Aufgabe die Lösung zum Vergleichen stehen. Anschließend stellst du deinem Partner eine Aufgabe (Aufgabe für B). In der letzten Spalte findest du zum Vergleichen die Lösung (Lösung für B). So geht es abwechselnd immer hin und her.

	Aufgabe für A	Aufgabe für B	Lösung für B
1)	25 % von 40 h =	30 % von 70 kg =	21 kg
2)	30 % von 200 m =	15 % von 100 m =	15 m
3)	70 % von 10 kg =	3 % von 300 h =	9 h
4)	5 % von 20 s =	50 % von 36 g =	18 g
5)	23 % von 1000 m² =	9 % von 20 m =	1,8 m
6)	7 % von 10 € =	2 % von 50 s =	1 s
7)	50 % von 25 kg =	48 % von 200 m² =	96 m²
8)	18 % von 500 Ct =	48 % von 10 dm =	4,8 dm
9)	3 % von 3 m =	8 % von 4 kg =	0,32 kg
10)	40 % von 40 s =	30 % von 50 min =	15 min
11)	110 % von 30 € =	250 % von 40 € =	100 €
12)	30 % von 110 kg =	40 % von 250 Ct =	100 Ct

9.2 Ping-Pong-Bogen – Prozentwert

Du bist **B**. Du stellst Partner A die erste Aufgabe, die du auch auf deinem Zettel findest (Aufgabe für A). Daneben steht zur Kontrolle die Lösung der Aufgabe. Anschließend stellt dein Partner dir eine Aufgabe (Aufgabe für B). So geht es abwechselnd immer hin und her.

	Aufgabe für B	Aufgabe für A	Lösung für A
1)	30 % von 70 kg =	25 % von 40 h =	10 h
2)	15 % von 100 m =	30 % von 200 m =	60 m
3)	3 % von 300 h =	70 % von 10 kg =	7 kg
4)	50 % von 36 g =	5 % von 20 s =	1 s
5)	9 % von 20 m =	23 % von 1000 m² =	230 m²
6)	2 % von 50 s =	7 % von 10 € =	0,7 €
7)	48 % von 200 m² =	50 % von 25 kg =	12,5 kg
8)	48 % von 10 dm =	18 % von 500 Ct =	90 Ct
9)	8 % von 4 kg =	3 % von 3 m =	0,09 m
10)	30 % von 50 min =	40 % von 40 s =	16 s
11)	250 % von 40 € =	110 % von 30 € =	33 €
12)	40 % von 250 Ct =	30 % von 110 kg =	33 kg

Jochen Sven Wild: Fit in Mathe durch Ping-Pong-Bögen · Best.-Nr. 722 © Brigg Pädagogik Verlag GmbH, Augsburg

9.3 Ping-Pong-Bogen – Grundwert

Du bist **A**. Dein Partner B stellt dir eine Aufgabe, die du auch auf deinem Zettel findest (Aufgabe für A). B hat neben der Aufgabe die Lösung zum Vergleichen stehen. Anschließend stellst du deinem Partner eine Aufgabe (Aufgabe für B). In der letzten Spalte findest du zum Vergleichen die Lösung (Lösung für B). So geht es abwechselnd immer hin und her.

	Aufgabe für A	Aufgabe für B	Lösung für B
1)	50 % sind 1 kg, G =	30 % sind 6 m, G =	20 m
2)	40 % sind 12 kg, G =	2 % sind 8 kg, G =	400 kg
3)	200 % sind 10 Bäume, G =	85 % sind 170 cm, G =	200 cm = 2 m
4)	3 % sind 9 m, G =	12 % sind 60 €, G =	500 €
5)	65 % sind 130 cm, G =	48 % sind 24 m, G =	50 m
6)	8 % sind 24 m, G =	25 % sind 1 €, G =	4 €
7)	78 % sind 39 m, G =	120 % sind 6 m, G =	5 m
8)	2,5 % sind 30 €, G =	12,5 % sind 60 €, G =	480 €
9)	250 % sind 20 min, G =	150 % sind 6 t, G =	4 t
10)	0,5 % sind 1 d, G =	0,1 % sind 1,2 €, G =	1200 €
11)	45 % sind 27 min, G =	55 % sind 11 min, G =	20 min
12)	400 % sind 1 kg, G =	250 % sind 1 h, G =	24 min

9.3 Ping-Pong-Bogen – Grundwert

Du bist **B**. Du stellst Partner A die erste Aufgabe, die du auch auf deinem Zettel findest (Aufgabe für A). Daneben steht zur Kontrolle die Lösung der Aufgabe. Anschließend stellt dein Partner dir eine Aufgabe (Aufgabe für B). So geht es abwechselnd immer hin und her.

	Aufgabe für B	Aufgabe für A	Lösung für A
1)	30 % sind 6 m, G =	50 % sind 1 kg, G =	2 kg
2)	2 % sind 8 kg, G =	40 % sind 12 kg, G =	30 kg
3)	85 % sind 170 cm, G =	200 % sind 10 Bäume, G =	5 Bäume
4)	12 % sind 60 €, G =	3 % sind 9 m, G =	300 m
5)	48 % sind 24 m, G =	65 % sind 130 cm, G =	200 cm = 2 m
6)	25 % sind 1 €, G =	8 % sind 24 m, G =	300 m
7)	120 % sind 6 m, G =	78 % sind 39 m, G =	50 m
8)	12,5 % sind 60 €, G =	2,5 % sind 30 €, G =	1200 €
9)	150 % sind 6 t, G =	250 % sind 20 min, G =	8 min
10)	0,1 % sind 1,2 €, G =	0,5 % sind 1 d, G =	200 d
11)	55 % sind 11 min, G =	45 % sind 27 min, G =	60 min = 1 h
12)	250 % sind 1 h, G =	400 % sind 1 kg, G =	250 g

Jochen Sven Wild: Fit in Mathe durch Ping-Pong-Bögen · Best.-Nr. 722 © Brigg Pädagogik Verlag GmbH, Augsburg

9.4 Ping-Pong-Bogen – Prozentrechnung (Vermischte Aufgaben)

Du bist **A**. Dein Partner B stellt dir eine Aufgabe, die du auch auf deinem Zettel findest (Aufgabe für A). B hat neben der Aufgabe die Lösung zum Vergleichen stehen. Anschließend stellst du deinem Partner eine Aufgabe (Aufgabe für B). In der letzten Spalte findest du zum Vergleichen die Lösung (Lösung für B). So geht es abwechselnd immer hin und her.

	Aufgabe für A	Aufgabe für B	Lösung für B
1)	4 € von 20 € =	35 % von 200 m =	70 m
2)	25 % sind 1 kg, G =	12 kg von 40 kg =	30 %
3)	3 % von 200 m =	45 % sind 180 cm, G =	400 cm = 4 m
4)	50 cm von 20 m =	30 cm von 6 m =	5 %
5)	9 g von 3 kg =	8 % sind 24 kg, G =	300 kg
6)	6 % sind 9 m, G =	15 % sind 6 €, G =	40 €
7)	8 % von 50 Ct =	28 % von 10 g =	2,8 g = 2800 mg
8)	3 % von 3 kg =	12 % von 4 m =	48 cm
9)	70 Ct von 2 € =	4 g von 1 kg =	0,4 %
10)	2,5 % sind 1 h, G =	44 % sind 11 s, G =	25 s
11)	36 s von 1 min =	12 min von 4 h =	5 %
12)	350 % sind 7 kg, G =	300 % sind 1 h, G =	20 min

9.4 Ping-Pong-Bogen – Prozentrechnung (Vermischte Aufgaben)

Du bist **B**. Du stellst Partner A die erste Aufgabe, die du auch auf deinem Zettel findest (Aufgabe für A). Daneben steht zur Kontrolle die Lösung der Aufgabe. Anschließend stellt dein Partner dir eine Aufgabe (Aufgabe für B). So geht es abwechselnd immer hin und her.

	Aufgabe für B	Aufgabe für A	Lösung für A
1)	35 % von 200 m =	4 € von 20 € =	20 %
2)	12 kg von 40 kg =	25 % sind 1 kg, G =	4 kg
3)	45 % sind 180 cm, G =	3 % von 200 m =	6 m
4)	30 cm von 6 m =	50 cm von 20 m =	2,5 %
5)	8 % sind 24 kg, G =	9 g von 3 kg =	0,3 %
6)	15 % sind 6 €, G =	6 % sind 9 m, G =	150 m
7)	28 % von 10 g =	8 % von 50 Ct =	4 Ct
8)	12 % von 4 m =	3 % von 3 kg =	90 g = 0,09 kg
9)	4 g von 1 kg =	70 Ct von 2 € =	35 %
10)	44 % sind 11 s, G =	2,5 % sind 1 h, G =	40 h
11)	12 min von 4 h =	36 s von 1 min =	60 %
12)	300 % sind 1 h, G =	350 % sind 7 kg, G =	2 kg

10.1 Ping-Pong-Bogen – Proportionale Zuordnungen (Tabelle)

Du bist **A**. Dein Partner B stellt dir eine Aufgabe, die du auch auf deinem Zettel findest (Aufgabe für A). B hat neben der Aufgabe die Lösung zum Vergleichen stehen. Anschließend stellst du deinem Partner eine Aufgabe (Aufgabe für B). In der letzten Spalte findest du zum Vergleichen die Lösung (Lösung für B). So geht es abwechselnd immer hin und her.

	Aufgabe für A	Aufgabe für B	Lösung für B
1)	x: 3 | 6 | 12 | 15 y: 12 | | |	x: 4 | 8 | 16 | 28 y: 12 | | |	x: 4 | 8 | 16 | 28 y: 12 | **24** | **48** | **84**
2)	x: 4 | 6 | 10 | 22 y: 10 | | |	x: 6 | 10 | 12 | 24 y: 15 | | |	x: 6 | 10 | 12 | 24 y: 15 | **25** | **30** | **60**
3)	x: 15 | 9 | | 21 y: 25 | | 10 |	x: 12 | 9 | | 21 y: 28 | | 14 |	x: 12 | 9 | **6** | 21 y: 28 | **21** | 14 | **49**
4)	x: 6 | 10 | | y: 15 | | 35 | 12	x: 8 | 6 | | y: 20 | | 35 | 16	x: 8 | 6 | **14** | **6,4** y: 20 | **15** | 35 | 16

10.1 Ping-Pong-Bogen – Proportionale Zuordnungen (Tabelle)

Du bist **B**. Du stellst Partner A die erste Aufgabe, die du auch auf deinem Zettel findest (Aufgabe für A). Daneben steht zur Kontrolle die Lösung der Aufgabe. Anschließend stellt dein Partner dir eine Aufgabe (Aufgabe für B). So geht es abwechselnd immer hin und her.

	Aufgabe für B	Aufgabe für A	Lösung für A
1)	x: 4 | 8 | 16 | 28 y: 12 | | |	x: 3 | 6 | 12 | 15 y: 12 | | |	x: 3 | 6 | 12 | 15 y: 12 | **24** | **48** | **60**
2)	x: 6 | 10 | 12 | 24 y: 15 | | |	x: 4 | 6 | 10 | 22 y: 10 | | |	x: 4 | 6 | 10 | 22 y: 10 | **15** | **25** | **55**
3)	x: 12 | 9 | | 21 y: 28 | | 14 |	x: 15 | 9 | | 21 y: 25 | | 10 |	x: 15 | 9 | **6** | 21 y: 25 | **15** | 10 | **35**
4)	x: 8 | 6 | | y: 20 | | 35 | 16	x: 6 | 10 | | y: 15 | | 35 | 12	x: 6 | 10 | **14** | **4,8** y: 15 | **25** | 35 | 12

Jochen Sven Wild: Fit in Mathe durch Ping-Pong-Bögen · Best.-Nr. 722 © Brigg Pädagogik Verlag GmbH, Augsburg

10.2 Ping-Pong-Bogen – Proportionale Zuordnungen (Textaufgaben)

Du bist **A**. Dein Partner B stellt dir eine Aufgabe, die du auch auf deinem Zettel findest (Aufgabe für A). B hat neben der Aufgabe die Lösung zum Vergleichen stehen. Anschließend stellst du deinem Partner eine Aufgabe (Aufgabe für B). In der letzten Spalte findest du zum Vergleichen die Lösung (Lösung für B). So geht es abwechselnd immer hin und her.

	Aufgabe für A	Aufgabe für B	Lösung für B
1)	Ein 500 m² großes Grundstück kostet 60000 €. Zum gleichen m²-Preis wird auch ein 600 m² großes Grundstück angeboten. Wie viel kostet dieses Grundstück?	Ein Stapel von 300 Blatt Druckerpapier ist 4,5 cm hoch. Wie hoch ist dann ein Stapel von 500 Blatt?	7,5 cm
2)	Ein Weihnachtswichtel hat in 3 h 48 Pakete verpackt. Wie viele Pakete schafft er bei gleichbleibenden Arbeitstempo in 8 h?	400 g Erdnüsse kosten 1,80 €. Wie viel kostet 1 kg?	4,5 €
3)	Ein PKW verbraucht auf 100 km durchschnittlich 7,5 l. Wie weit kann er mit einer Tankfüllung von 60 l fahren?	Ein Auto fährt in 2 Stunden mit gleich bleibender Geschwindigkeit 240 km weit. Wie weit fährt das Auto in 45 Minuten?	90 km
4)	Frau Immerfrisch kauft auf dem Wochenmarkt 6 Eier für 0,84 €. Herr Hamster kauft gleich eine ganze Lage mit 25 Eiern. Wie viel zahlt Herr Hamster?	Eine Regentonne hat einen Rauminhalt von 200 l und ist 80 cm hoch. Wie viel Wasser ist in der Tonne, wenn es bis 10 cm unter den Rand steht?	175 l

10.2 Ping-Pong-Bogen – Proportionale Zuordnungen (Textaufgaben)

Du bist **B**. Du stellst Partner A die erste Aufgabe, die du auch auf deinem Zettel findest (Aufgabe für A). Daneben steht zur Kontrolle die Lösung der Aufgabe. Anschließend stellt dein Partner dir eine Aufgabe (Aufgabe für B). So geht es abwechselnd immer hin und her.

	Aufgabe für B	Aufgabe für A	Lösung für A
1)	Ein Stapel von 300 Blatt Druckerpapier ist 4,5 cm hoch. Wie hoch ist dann ein Stapel von 500 Blatt?	Ein 500 m² großes Grundstück kostet 60000 €. Zum gleichen m²-Preis wird auch ein 600 m² großes Grundstück angeboten. Wie viel kostet dieses Grundstück?	72000 €
2)	400 g Erdnüsse kosten 1,80 €. Wie viel kostet 1 kg?	Ein Weihnachtswichtel hat in 3 h 48 Pakete verpackt. Wie viele Pakete schafft er bei gleichbleibenden Arbeitstempo in 8 h?	128 Pakete
3)	Ein Auto fährt in 2 Stunden mit gleich bleibender Geschwindigkeit 240 km weit. Wie weit fährt das Auto in 45 Minuten?	Ein PKW verbraucht auf 100 km durchschnittlich 7,5 l. Wie weit kann er mit einer Tankfüllung von 60 l fahren?	800 km
4)	Eine Regentonne hat einen Rauminhalt von 200 l und ist 80 cm hoch. Wie viel Wasser ist in der Tonne, wenn es bis 10 cm unter den Rand steht?	Frau Immerfrisch kauft auf dem Wochenmarkt 6 Eier für 0,84 €. Herr Hamster kauft gleich eine ganze Lage mit 25 Eiern. Wie viel zahlt Herr Hamster?	3,50 €

10.3 Ping-Pong-Bogen – Antiproportionale Zuordnungen (Tabelle)

Du bist **A**. Dein Partner B stellt dir eine Aufgabe, die du auch auf deinem Zettel findest (Aufgabe für A). B hat neben der Aufgabe die Lösung zum Vergleichen stehen. Anschließend stellst du deinem Partner eine Aufgabe (Aufgabe für B). In der letzten Spalte findest du zum Vergleichen die Lösung (Lösung für B). So geht es abwechselnd immer hin und her.

	Aufgabe für A	Aufgabe für B	Lösung für B
1)	x: 8, 6, 12, 32 / y: 12, , ,	x: 8, 4, 5, 20 / y: 10, , ,	x: 8, 4, 5, 20 / y: 10, **20**, **16**, **4**
2)	x: 6, 5, 15, 20 / y: 10, , ,	x: 15, 10, 6, 8 / y: 4, , ,	x: 15, 10, 6, 8 / y: 4, **6**, **10**, **7,5**
3)	x: 15, 3, , 20 / y: 8, , 10,	x: 12, 4, , 8 / y: 12, , 6,	x: 12, 4, **24**, 8 / y: 12, **36**, 6, **18**
4)	x: 6, 10, , / y: 15, , 18, 4	x: 8, 5, , / y: 20, , 16, 25	x: 8, 5, **10**, **6,4** / y: 20, **32**, 16, 25

10.3 Ping-Pong-Bogen – Antiproportionale Zuordnungen (Tabelle)

Du bist **B**. Du stellst Partner A die erste Aufgabe, die du auch auf deinem Zettel findest (Aufgabe für A). Daneben steht zur Kontrolle die Lösung der Aufgabe. Anschließend stellt dein Partner dir eine Aufgabe (Aufgabe für B). So geht es abwechselnd immer hin und her.

	Aufgabe für B	Aufgabe für A	Lösung für B
1)	x: 8, 4, 5, 20 / y: 10, , ,	x: 8, 6, 12, 32 / y: 12, , ,	x: 8, 6, 12, 32 / y: 12, **16**, **8**, **3**
2)	x: 15, 10, 6, 8 / y: 4, , ,	x: 6, 5, 15, 20 / y: 10, , ,	x: 6, 5, 15, 20 / y: 10, **12**, **4**, **3**
3)	x: 12, 4, , 8 / y: 12, , 6,	x: 15, 3, , 20 / y: 8, , 10,	x: 15, 3, **12**, 20 / y: 8, **40**, 10, **6**
4)	x: 8, 5, , / y: 20, , 16, 25	x: 6, 10, , / y: 15, , 18, 4	x: 6, 10, **5**, **22,5** / y: 15, **9**, 18, 4

Jochen Sven Wild: Fit in Mathe durch Ping-Pong-Bögen · Best.-Nr. 722 © Brigg Pädagogik Verlag GmbH, Augsburg

10.4 Ping-Pong-Bogen – Antiproportionale Zuordnungen (Textaufgaben)

Du bist **A**. Dein Partner B stellt dir eine Aufgabe, die du auch auf deinem Zettel findest (Aufgabe für A). B hat neben der Aufgabe die Lösung zum Vergleichen stehen. Anschließend stellst du deinem Partner eine Aufgabe (Aufgabe für B). In der letzten Spalte findest du zum Vergleichen die Lösung (Lösung für B). So geht es abwechselnd immer hin und her.

	Aufgabe für A	Aufgabe für B	Lösung für B
1)	Aus einem Braten lassen sich 18 Stücke schneiden, wenn jede Scheibe 2 cm dick wird. Wie viele 3 cm-dicke Scheiben lassen sich aus dem Braten schneiden?	Ein Kreuzfahrtschiff hat für 165 Personen Proviant für 10 Tage an Bord. Es sind nun aber nur 150 Personen. Wie lange reicht nun der Vorrat?	11 Tage
2)	12 Weihnachtswichtel verpacken in 10 Stunden Geschenke. Wie lange würden 15 Wichtel für die gleiche Arbeit benötigen?	Lisa, Petra und Claudia teilen Bonbons untereinander auf. Jede bekommt 24 Stück. Dann stellen sie fest, dass sie Tina vergessen haben. Wie viele Bonbons bekommt nun jedes Kind?	18 Bonbons
3)	Eine Expedition hat für 16 Personen für 25 Tage Proviant. Die Reise dauert nun aber nur 20 Tage. Wie viele Personen hätte man zusätzlich mitnehmen können?	Aus einem Kuchen lassen sich 24 Stücke schneiden, wenn jedes Stück 2,5 cm dick wird. Wie viele 3 cm-dicke Stücke lassen sich aus dem Kuchen schneiden	20 Stücke
4)	Für den Bau einer Autobahn müssen 15 Lastwagen jeweils 26 Mal fahren. Gleich zu Beginn der Bauarbeiten fallen jedoch zwei Lkws aus. Wie oft müssen die restlichen nun fahren?	18 Bauarbeiter benötigen für den Rohbau eines Hauses normalerweise 12 Arbeitstage. Diesmal sind jedoch 2 Arbeiter krank. Wie lange dauert nun die Erstellung des Rohbaus?	13,5 Arbeitstage

10.4 Ping-Pong-Bogen – Antiproportionale Zuordnungen (Textaufgaben)

Du bist **B**. Du stellst Partner A die erste Aufgabe, die du auch auf deinem Zettel findest (Aufgabe für A). Daneben steht zur Kontrolle die Lösung der Aufgabe. Anschließend stellt dein Partner dir eine Aufgabe (Aufgabe für B). So geht es abwechselnd immer hin und her.

	Aufgabe für B	Aufgabe für A	Lösung für A
1)	Ein Kreuzfahrtschiff hat für 165 Personen Proviant für 10 Tage an Bord. Es sind nun aber nur 150 Personen. Wie lange reicht nun der Vorrat?	Aus einem Braten lassen sich 18 Stücke schneiden, wenn jede Scheibe 2 cm dick wird. Wie viele 3 cm-dicke Scheiben lassen sich aus dem Braten schneiden?	12 Scheiben
2)	Lisa, Petra und Claudia teilen Bonbons untereinander auf. Jede bekommt 24 Stück. Dann stellen sie fest, dass sie Tina vergessen haben. Wie viele Bonbons bekommt nun jedes Kind?	12 Weihnachtswichtel verpacken in 10 Stunden Geschenke. Wie lange würden 15 Wichtel für die gleiche Arbeit benötigen?	8 Stunden
3)	Aus einem Kuchen lassen sich 24 Stücke schneiden, wenn jedes Stück 2,5 cm dick wird. Wie viele 3 cm-dicke Stücke lassen sich aus dem Kuchen schneiden	Eine Expedition hat für 16 Personen für 25 Tage Proviant. Die Reise dauert nun aber nur 20 Tage. Wie viele Personen hätte man zusätzlich mitnehmen können?	4 Personen zusätzlich (20 Personen insgesamt)
4)	18 Bauarbeiter benötigen für den Rohbau eines Hauses normalerweise 12 Arbeitstage. Diesmal sind jedoch 2 Arbeiter krank. Wie lange dauert nun die Erstellung des Rohbaus?	Für den Bau einer Autobahn müssen 15 Lastwagen jeweils 26 Mal fahren. Gleich zu Beginn der Bauarbeiten fallen jedoch zwei Lkws aus. Wie oft müssen die restlichen nun fahren?	30 Mal

11.1 Ping-Pong-Bogen – Terme mit einer Variablen

Du bist **A**. Dein Partner B stellt dir eine Aufgabe, die du auch auf deinem Zettel findest (Aufgabe für A). B hat neben der Aufgabe die Lösung zum Vergleichen stehen. Anschließend stellst du deinem Partner eine Aufgabe (Aufgabe für B). In der letzten Spalte findest du zum Vergleichen die Lösung (Lösung für B). So geht es abwechselnd immer hin und her.

	Aufgabe für A	Aufgabe für B	Lösung für B
1)	$4a + 8 + 5 =$	$15 + 19x + 2x =$	$15 + 21x$
2)	$-7a - 5 - 27 =$	$9 + t^2 + 3 =$	$t^2 + 12$
3)	$7x + 5x =$	$9a + 13a =$	$22a$
4)	$5 + 3x \cdot 6 =$	$2a - 9a \cdot 2 =$	$-16a$
5)	$3 \cdot (3r + 3) + 7r =$	$(2r - 1) \cdot 5 - 7r =$	$3r - 5$
6)	$2x^2 + 9x + 7 =$	$x + 8x^2 + 9x =$	$8x^2 + 10x$
7)	$3x^2 + 9x + x^2 =$	$3y^2 + 11y + 8 =$	$3y^2 + 11y + 8$
8)	$(4r - 4) \cdot 4 - 4r =$	$5 \cdot (5r + 5) + 5r =$	$30r + 25$
9)	$3a + 7 + 3a^2 + 2 + 3a - a^2 =$	$2x - 4x^2 - 7 + 2x^2 + 16 =$	$-2x^2 + 2x + 9$
10)	$(3b - 3) \cdot 5b - 3b^2 =$	$(2c - 6) \cdot 5c - 7c^2 =$	$3c^2 - 30c$
11)	$2z \cdot (2z + 1) + 3z =$	$3a \cdot (2a + 5) - 3a^2 =$	$3a^2 + 15a$
12)	$v - 4v^2 - 11 + 25v^2 - 41v =$	$3p^2 - 4 + 8p - 21 + 34p^2 =$	$37p^2 + 8p - 25$

- -

11.1 Ping-Pong-Bogen – Terme mit einer Variablen

Du bist **B**. Du stellst Partner A die erste Aufgabe, die du auch auf deinem Zettel findest (Aufgabe für A). Daneben steht zur Kontrolle die Lösung der Aufgabe. Anschließend stellt dein Partner dir eine Aufgabe (Aufgabe für B). So geht es abwechselnd immer hin und her.

	Aufgabe für B	Aufgabe für A	Lösung für A
1)	$15 + 19x + 2x =$	$4a + 8 + 5 =$	$4a + 13$
2)	$9 + t^2 + 3 =$	$-7a - 5 - 27 =$	$-7a - 32$
3)	$9a + 13a =$	$7x + 5x =$	$12x$
4)	$2a - 9a \cdot 2 =$	$5 + 3x \cdot 6 =$	$5 + 18x$
5)	$(2r - 1) \cdot 5 - 7r =$	$3 \cdot (3r + 3) + 7r =$	$16r + 9$
6)	$x + 8x^2 + 9x =$	$2x^2 + 9x + 7 =$	$2x^2 + 9x + 7$
7)	$3y^2 + 11y + 8 =$	$3x^2 + 9x + x^2 =$	$4x^2 + 9x$
8)	$5 \cdot (5r + 5) + 5r =$	$(4r - 4) \cdot 4 - 4r =$	$12r - 16$
9)	$2x - 4x^2 - 7 + 2x^2 + 16 =$	$3a + 7 + 3a^2 + 2 + 3a - a^2 =$	$2a^2 + 6a + 9$
10)	$(2c - 6) \cdot 5c - 7c^2 =$	$(3b - 3) \cdot 5b - 3b^2 =$	$12b^2 - 15b$
11)	$3a \cdot (2a + 5) - 3a^2 =$	$2z \cdot (2z + 1) + 3z =$	$4z^2 + 5z$
12)	$3p^2 - 4 + 8p - 21 + 34p^2 =$	$v - 4v^2 - 11 + 25v^2 - 41v =$	$21v^2 - 40v - 11$

Jochen Sven Wild: Fit in Mathe durch Ping-Pong-Bögen · Best.-Nr. 722 © Brigg Pädagogik Verlag GmbH, Augsburg

Ping-Pong-Bogen –

Du bist **A**. Dein Partner B stellt dir eine Aufgabe, die du auch auf deinem Zettel findest (Aufgabe für A). B hat neben der Aufgabe die Lösung zum Vergleichen stehen. Anschließend stellst du deinem Partner eine Aufgabe (Aufgabe für B). In der letzten Spalte findest du zum Vergleichen die Lösung (Lösung für B). So geht es abwechselnd immer hin und her.

	Aufgabe für A	Aufgabe für B	Lösung für B
1)			
2)			
3)			
4)			
5)			
6)			
7)			
8)			
9)			
10)			
11)			
12)			

✂ -

Ping-Pong-Bogen –

Du bist **B**. Du stellst Partner A die erste Aufgabe, die du auch auf deinem Zettel findest (Aufgabe für A). Daneben steht zur Kontrolle die Lösung der Aufgabe. Anschließend stellt dein Partner dir eine Aufgabe (Aufgabe für B). So geht es abwechselnd immer hin und her.

	Aufgabe für A	Aufgabe für B	Lösung für B
1)			
2)			
3)			
4)			
5)			
6)			
7)			
8)			
9)			
10)			
11)			
12)			

ᵧ-Pong-Bogen –

Du bist **A**. Dein Partner B stellt dir eine Aufgabe, die du auch auf deinem Zettel findest (Aufgabe für A). B hat neben der Aufgabe die Lösung zum Vergleichen stehen. Anschließend stellst du deinem Partner eine Aufgabe (Aufgabe für B). In der letzten Spalte findest du zum Vergleichen die Lösung (Lösung für B). So geht es immer hin und her.

Aufgabe für A		Aufgabe für B		Lösung für B	
1)	2)	1)	2)	1)	2)
3)	4)	3)	4)	3)	4)
5)	6)	5)	6)	5)	6)
7)	8)	7)	8)	7)	8)
9)	10)	9)	10)	9)	10)
11)	12)	11)	12)	11)	12)

✂ -

Ping-Pong-Bogen –

Du bist **B**. Du stellst deinem Partner A die erste Aufgabe, die du auch auf deinem Zettel findest (Aufgabe für A). Daneben steht zur Kontrolle die Lösung der Aufgabe. Anschließend stellt dir dein Partner eine Aufgabe (Aufgabe für B). So geht es immer hin und her.

Aufgabe für A		Aufgabe für B		Lösung für B	
1)	2)	1)	2)	1)	2)
3)	4)	3)	4)	3)	4)
5)	6)	5)	6)	5)	6)
7)	8)	7)	8)	7)	8)
9)	10)	9)	10)	9)	10)
11)	12)	11)	12)	11)	12)

Jochen Sven Wild: Fit in Mathe durch Ping-Pong-Bögen · Best.-Nr. 722 © Brigg Pädagogik Verlag GmbH, Augsburg